中国旅游发展年度报告书系
Annual Development Report of China's Tourism

中国出境旅游发展年度报告 2021

ANNUAL REPORT OF CHINA OUTBOUND TOURISM DEVELOPMENT 2021

中国旅游研究院 著

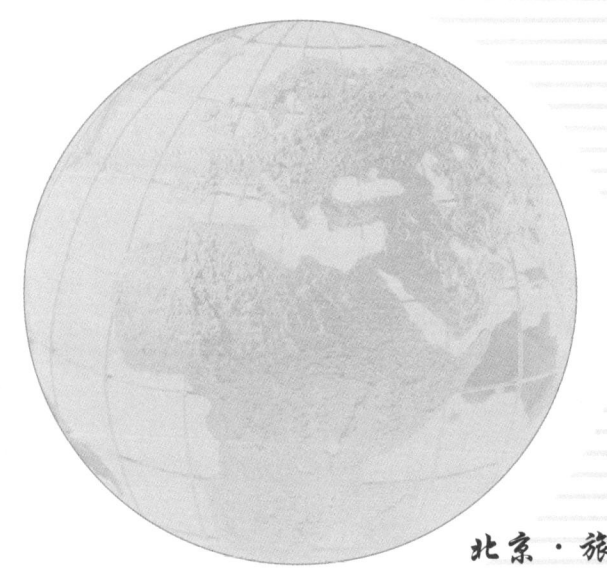

北京·旅游教育出版社

图书在版编目（CIP）数据

中国出境旅游发展年度报告. 2021 / 中国旅游研究院著. -- 北京：旅游教育出版社，2022.4
ISBN 978-7-5637-4398-8

Ⅰ. ①中… Ⅱ. ①中… Ⅲ. ①国际旅游－研究报告－中国－2021 Ⅳ. ①F592.3

中国版本图书馆CIP数据核字(2022)第053256号

中国出境旅游发展年度报告2021
中国旅游研究院　著

责任编辑	巨瑛梅
出版单位	旅游教育出版社
地　　址	北京市朝阳区定福庄南里1号
邮　　编	100024
发行电话	（010）65778403　65728372　65767462（传真）
本社网址	www.tepcb.com
E - mail	tepfx@163.com
排版单位	北京旅教文化传播有限公司
印刷单位	北京中科印刷有限公司
经销单位	新华书店
开　　本	787毫米×1092毫米　1/16
印　　张	5.75
字　　数	76千字
版　　次	2022年4月第1版
印　　次	2022年4月第1次印刷
定　　价	55.00元

（图书如有装订差错请与发行部联系）

《中国出境旅游发展年度报告 2021》
编委会

主　任　戴　斌
副主任　李仲广　唐晓云
编　委（按姓氏音序排名）
　　　　戴　斌　何琼峰　李仲广　马仪亮　宋子千
　　　　唐晓云　吴丰林　吴　普　杨宏浩　杨劲松

《中国出境旅游发展年度报告 2021》
编写组

主　编
　　　戴　斌　中国旅游研究院院长、教授、博士
执行主编
　　　杨劲松　中国旅游研究院国际研究所（港澳台研究所）
　　　　　　　所长
成　员
　　　杨丽琼　刘祥艳　马仪亮　何琼峰　韩晋芳
　　　戴慧慧　雷　蕾　韩　霄　白慧茹　余　超

序 言
PREFACE

　　这次疫情期间，人们开始重新发现身边的美丽风景，人们开始重新欣赏日常生活的美好，过去不管是线上的还是线下的文化活动都在蓬勃兴起。昨天我去看一家企业，南京喜事项目过去一百块钱一张门票，现在三百块钱一张门票仍然供不应求。过去在南京很多人不去江边玩，现在做了一个长江传奇，经过精确计算，游轮到了长江大桥之后正好高铁呼啸而来，大家在现场歌唱祖国，很多人都会热泪盈眶。我就想这意味着什么？意味着我们在疫情的情况下，大家对不同场景的文化现象和品质生活仍然有向往之心。

　　以上是具体场景，我们再看数据场景。2021年国庆节假期国内有5.15亿人次出行，产生了3890.61亿元的消费，这是一个非常大的数量，说明无论日子面临疫情的挑战还是自然灾害的挑战，人民对美好生活的向往永不停歇，这就为我们未来的出境旅游积蓄动能。在中国出境旅游交易会（COTTM）上，我看到毛里求斯、马尔代夫、西班牙阿拉贡等很多国家和地区的旅游局。我想，此时此地办展览、谈旅游，不仅是为了参加，更是为了告诉中国人民，远方的风景、远方的文化仍然在等待中国人民适当的时候继续前往、继续分享。

　　在此，我也想引用前一段时间在荷兰大使馆的演讲题目，没有任何一种力量能够阻挡我们对旅行的向往。我们的消费结构、消费行为发生了很大的变化。大家到了旅游目的地除了要看美丽的风景，还要享受美好的生活，也要参与文化活动，这些特征在疫情期间变得越来越明显。国庆节假日期间，调查数据表明93%的游客会参加两项以上的文化活动，所以说文化活动不仅是进博物馆看遗址这么简单，我们对文化的理解除了优秀的传统文化，包括非物质文化遗产，还包括红色文化，包括承载民族复兴、人民幸福"中国梦"的当代文化。我们注意到越来越多的年轻人会到上海去看彩虹合唱团，越来越多的人到旅游目的地会看博物馆和美术馆。中央美院的一位教授在北京的三元里菜市场做了一种行为艺术，也可以叫作艺术回归人民，就是为每个店招牌写了自己的书法作品，甚至写在围裙和酒标上。

这些意味着什么？过去我们到旅游目的地看的是山、看的是水、看的是风景、看的是西班牙过去的历史，但今天我们要去以色列，除了要看沙漠和历史，也想看一个缺水的国家如何成为世界上富强、文明、令人尊重的国家，需要了解这个国家宏观的历史，也需要了解这个国家国民的生活方式。各位朋友在一起沟通的时候，过去可能一起做的是C端的生意，讨论卖什么线路卖什么产品，今天是不是要坐下来聊一聊中国人民期待什么？可以帮助这些同事在疫情期间把世界上所有愿意向中国人开放的旅游目的地，包括内在的文化、艺术、生活的品质都展现出来，不仅仅是有什么山有什么水。客观来讲，经过过去二十年的普及，基本上各个国家旅游目的地在中国市场的形象已经基本完成铺垫，下一步我们需要做什么？

过去国内旅游市场除了对文化、对艺术、对品质、对人与人之间链接的向往和追求以外，消费的行为、组织的方式也发生了巨大的变化。过去可能是一个团出去一两百人，现在可能就是一两家子人出去。十一国庆节假期55%的人是自驾出游的，其实并不都是开车，但我坐在自己家人的车里出去也是自驾游，目前这部分人群越来越多。也是要更加强调品质，我们的推广也要做相应的调整，过去大水漫灌的宣传推广可能已经过去，我们需要更加精准地识别游客的需求。我们可能会通过过去面向B端品质和生活上的杂志、网站、社群分销我们的产品、推广我们的形象。国内市场的需求一定会反射到未来的出境旅游市场。没有永远的嫡系部队，没有永远的主力军，谁为人民美好生活的需要提供优质服务，谁就是我们的主力军。A旅行社不做了，B网站进来了，也一样可以让广大游客以散客自由自助的方式领略世界各国的美好，旅行方式的变化必然带来宣传推广的变化，要把我国的美好生活通过新型媒介和方式让更多的老百姓知道，随时买一张机票，疫情结束的时候就过去了。

目前从前三个季度的旅游市场信息来看有一个非常明显的特征，我们应对疫情的经验越来越丰富，疫情常态化方式下出去旅行的经验也越来越丰富，说明面对疫情我们走过了早期的惊慌无措、走过了中间的希望渺茫，那种韧性和智慧在困难面前找到新的机遇和方向。习近平总书记指出要努力"在危机中育新机，于变局中开新局"，那么新机、新局在哪里？就在广大群众对生活的向往中、就在从美丽风景转向美好生活需求的变现中，就在更多的旅游游客运营商和相关的上下游资源商积蓄力量中。

我最担心的就是大家散了，散了再聚集起来可就难了，因为我们代表的是数十万的从业人员队伍。我们的信心来自大家对美好生活的向往，包括旅行生活的向往，不能简单地把旅游当成就是遇到挫折就再也起不来的行业。我们的信心来自行业人士、企业家、宣传人员、旅游局的同志互相在疫情期间守望相助、创业创新。有的规模较大，有的规模较小，但都共同反映了一点：要么就转型到国内，要么就一起研发新的产品。我们的信心也来自中国政府对疫情防控经验的累积。我们始终把人民对美好生活的向往当作奋斗目标和政策制定的出发点。中国文化和旅游部的相关部门正在研究条件成熟的时候如何恢复出入境市场，所以意味着我们始终在关注这个市场，始终心系大家，没有忘记大家，所以在这个问题上我们的信心永远是存在的。

国际社会正在推动市场复苏和国际合作，这股力量一直都是存在的，并且在不断加强。最近我陆陆续续参加了中国和欧洲、非洲、亚洲等很多国家的会议，能够感觉到大家期待着在一起，包括今天柬埔寨旅游局的同志也在，上次去柬埔寨还是四年前，希望疫情之后能够再去一次。

我们的信心还在，我们还和大家在一起，我们在困难面前不是消极地等待，保持信心的同时要关注市场的变化，为即将到来的机遇做好准备。没有任何力量可以阻止我们对旅行的向往，也没有任何困难可以阻挡我们合作前行的步伐。

中国旅游研究院院长、教授、博士生导师
2021 年 10 月 14 日

目 录
CONTENTS

第一章　疫情防控形势依然是出境旅游复苏的关键变量 …………………… 1
 一、出境旅游发展依然停滞 ……………………………………………………… 2
 二、出境旅游持续承受着全球疫情防控形势反复多变的压力 ……………… 4

第二章　"双循环"为我国的出境旅游带来了机遇和挑战 ………………… 9
 一、"双循环"新格局下支撑出境旅游发展的长期因素正在强化 ………… 10
 二、疫情冲击下的便利化演变 ………………………………………………… 25

第三章　出境目的地和市场主体的坚守和创新 ………………………………… 39
 一、主要出境目的地积极探索放宽边境控制政策 …………………………… 40
 二、出境目的地对中国出境旅游市场的期望和行动 ………………………… 44
 三、出境市场主体的坚持和创新 ……………………………………………… 45

第四章　中国游客出境旅游意愿和特征分析 …………………………………… 49
 一、安全、近程和陪伴成为未来出境旅游消费的关注重点 ………………… 50

二、出境游客的选择偏好有明显变化 ·· 56

第五章　对未来的判断和展望 ·· 65
　　一、影响出境旅游恢复发展的因素分析和未来判断 ·················· 66
　　二、相关方的作为空间 ·· 67
　　三、周边区域作为重要的目的地的价值再发现 ·················· 68

附录一　出境旅游调研的基本统计情况 ·· 69

附录二　赴欧旅游调研情况 ·· 75

后　记 ·· 81

第一章

疫情防控形势依然是出境旅游复苏的关键变量

一、出境旅游发展依然停滞

在新冠肺炎疫情冲击下，各国仍继续采取较严格的举措控制跨境人员流动，由此对出境旅游产生重大影响。2020年，我国全年出境旅游人数为2033.4万人次，同比减少86.9%。2021年预测出境旅游人数为2562万人次，与2019年相比，同比恢复17%；与2020年相比，同比增长约26%。详见图1-1所示。这也清楚地通过民航班机客运量的极速下降和随后的低位运行表现出来（详见图1-2）。相比疫情前过亿人次的出游规模，出境旅游依然基本处于停滞状态。

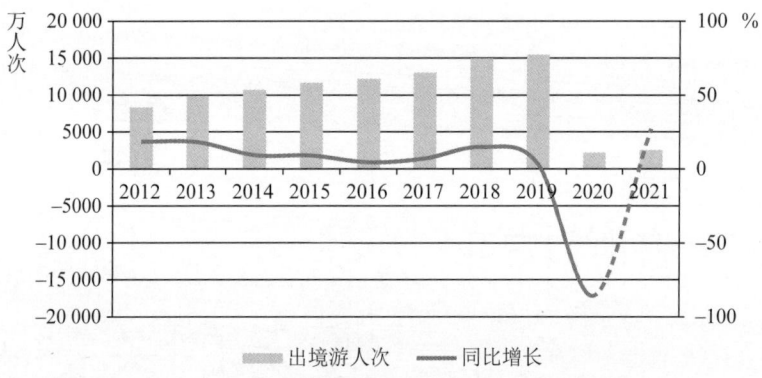

图1-1　2012—2021年出境旅游人次和同比增长率

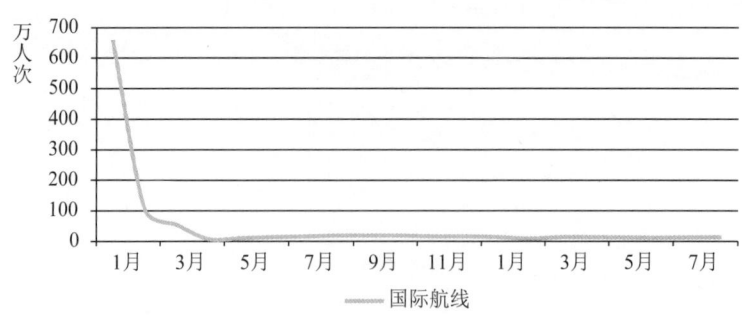

图1-2　2020年1月至2021年8月国际航线客运量

数据来源：中国民航局

第一章 疫情防控形势依然是出境旅游复苏的关键变量
Chapter 1 Pandemic is still a Key Variable in the Recovery of Outbound Tourism

从 2020 年 1 月 24 日开始，我国的出境旅游供给和需求两侧、产业和市场两侧都出现断崖式下降。当年 2 月我国出境旅游人次从 1 月的上千万人次骤降至不足 60 万人次。由于团队出境旅游完全停止，随后各月只有零散游客出游，整体出境旅游人次始终在极低水平徘徊。详见图 1-3 所示。

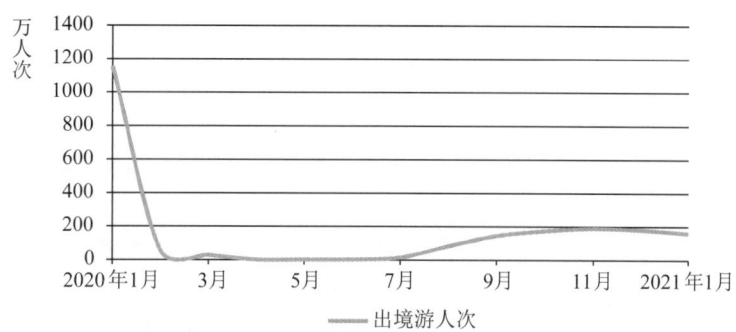

图 1-3　2020—2021 年 1 月我国各月出境旅游人次

从出境目的地结构上看，亚洲继续在洲际目的地上占据首位，占比为 95.45%。之后依次为欧洲（1.73%）、美洲（1.09%）、大洋洲（0.5%）、非洲（0.43%）和其他（0.8%）。总体上看，较近程目的地受疫情冲击的影响较小。赴亚洲、欧洲、大洋洲、美洲和非洲等地区游客同比分别减少了 71.7%、92.7%、94.3%、90.1% 和 73.1%。

港澳台地区依然是最主要的目的地，占 80.3%。其中，内地游客前往中国澳门旅游出现明显的恢复态势，中国台湾和中国香港接待大陆游客同比减少 95% 以上，澳门则同比减少 65.7%，成为 2020 年度我国第一大出境游目的地。详见图 1-4、图 1-5 所示。

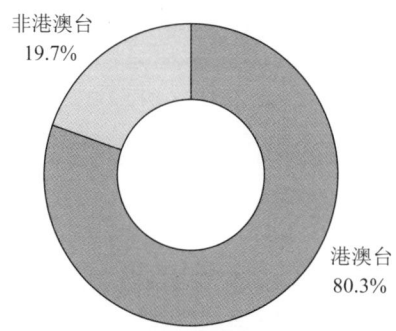

图 1-4　2020 年我国在港澳台和非港澳台地区的市场份额

3

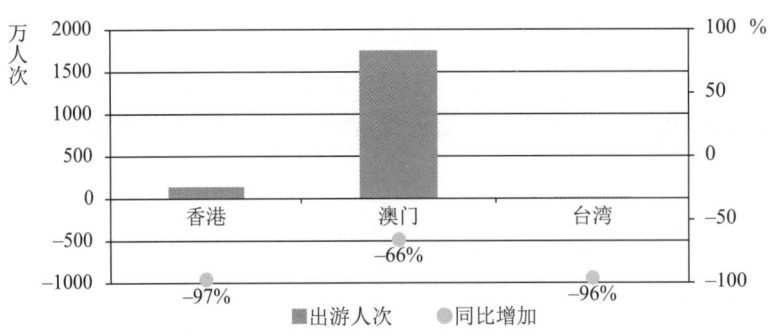

图 1-5　2020 年我国居民赴港澳台地区出游人次及同比变化率

排名前十五的出境游目的地依次是中国澳门、中国香港、越南、韩国、日本、泰国、柬埔寨、美国、新加坡、中国台湾、马来西亚、英国、澳大利亚、加拿大和印度尼西亚，其下降幅度分别为-66%、-97%、-93%、-94%、-97%、-98%、-91%、-95%、-95%、-96%、-96%、-88%、-94%、-90%和-95%。详见图1-6所示。

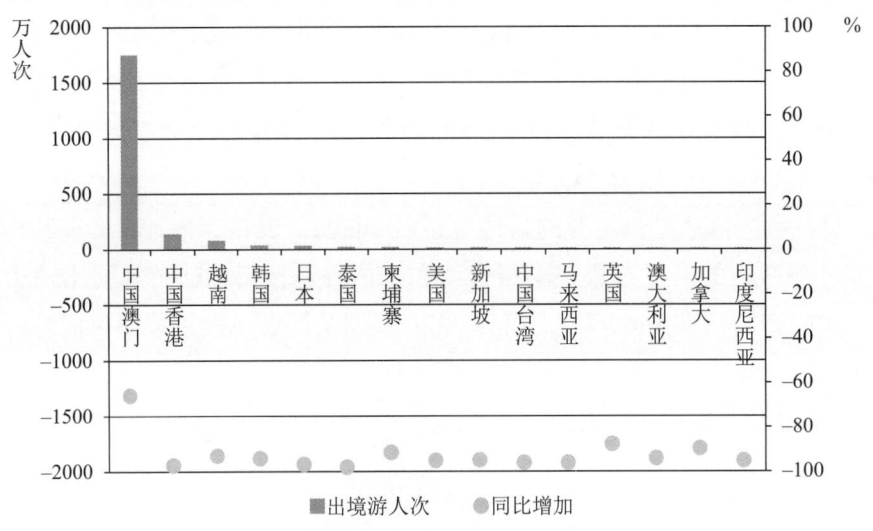

图 1-6　2020 年我国出境游市场排前十五的国家/地区及同比变化

二、出境旅游持续承受着全球疫情防控形势反复多变的压力

当前全球疫情防控形势依然严峻复杂。境外疫情此起彼伏，境内疫情时有

第一章 疫情防控形势依然是出境旅游复苏的关键变量
Chapter 1 Pandemic is still a Key Variable in the Recovery of Outbound Tourism

散发。出境旅游依然面临全球疫情防控形势反复多变的压力,这给未来的出境旅游复苏带来了不确定性。

(一)我国仍处于疫情动态清零进程中

当前境外输入病例发生没有停止,境内新冠肺炎疫情仍然处于动态清零过程中,各地仍需严加防控来维持经济秩序正常运行。详见图1-7所示。因疫情反复,在2021年1月底、6月初、7月底和10月中下旬均出现了新增确诊病例。

根据国家卫生健康委员会官方网站信息,截止到2021年11月12日,31个省(自治区、直辖市)和新疆生产建设兵团累计报告确诊病例98 174例,累计治愈出院病例92 229例,现有确诊病例1309例,境外输入现有确诊病例377例,新增确诊病例75例。由于疫情防控举措强力有效,一般突发疫情在1-2个月内便可以得到有效控制。

国家卫生健康委员会累计收到港澳台地区通报确诊病例28 930例。其中,香港特别行政区12 378例,澳门特别行政区77例,台湾地区16 475例。

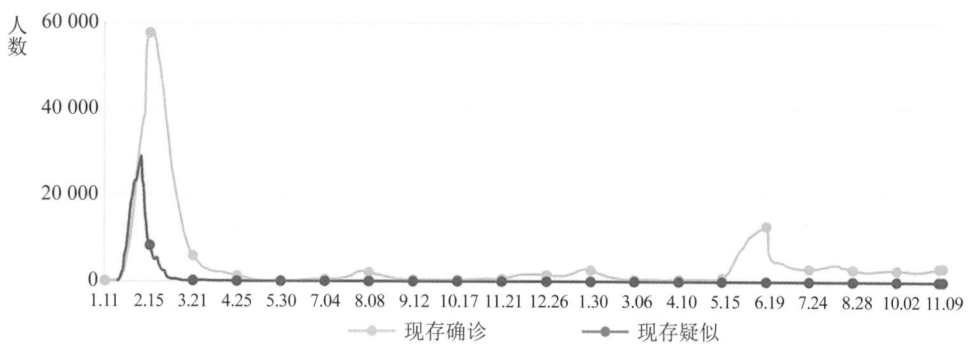

图1-7 全国疫情现存趋势图

数据来源:国家卫健委官网(新浪新闻作图),截止到2021年11月9日

(二)主要目的地疫情形势依然严峻

世界卫生组织2021年11月12日公布的最新数据显示,全球累计新冠确诊病例超过了2.5亿。截至欧洲中部时间2021年11月12日16时(北京时间23时),全球确诊病例较前一日增加超过51万例;死亡病例增加超过0.7万例,累计超过507万例。

在境外疫情严峻复杂的大背景下,境外疫情输入压力持续保持高位。截止到2021年11月12日,我国境外输入累计病例达9846例;因长期采取严苛的入境举措,我国境外输入病例一直保持低位的单日增加量。详见图1-8所示。从地理位置来看,境外输入新冠确诊病例排前列的省(直辖市、自治区)依次为上海、广东、云南、四川、陕西、黑龙江、北京、浙江和山东。

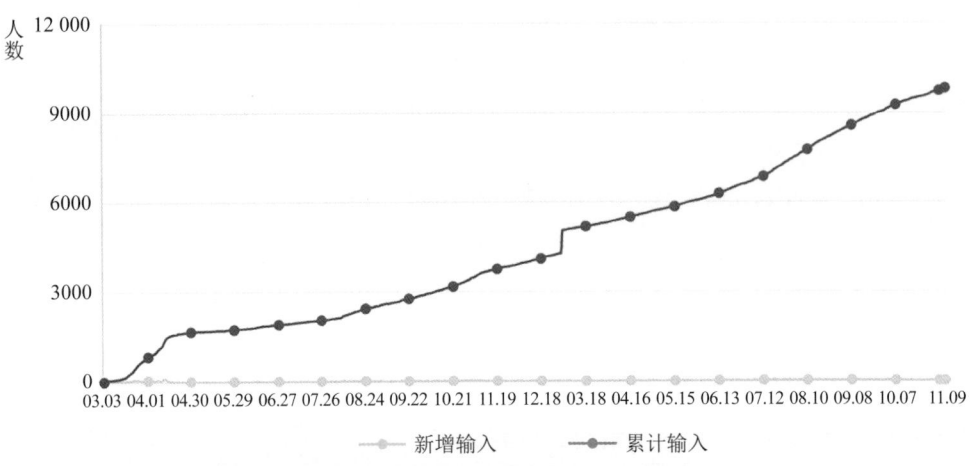

图1-8 境外新增和累计输入病例趋势

数据来源:国家卫健委官网(新浪新闻作图),截止到2021年11月9日

境外输入新冠确诊病例排前十名的国家依次为缅甸、俄罗斯、美国、英国、菲律宾、阿联酋、印度尼西亚、法国、西班牙和日本。详见图1-9所示。

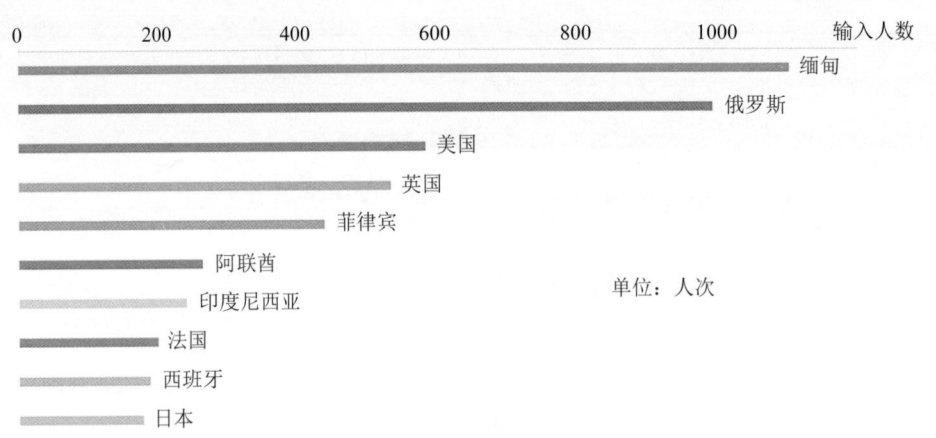

图1-9 境外输入来源国排前十位的国家

数据来源:国家卫健委官网(新浪新闻作图),截止到2021年11月9日

（三）我国及主要旅游目的地疫苗接种持续推进

我国的疫苗全民接种工作正在有条不紊推进，预计2022年春实现基本群体免疫。自2021年3月23日起，我国开始大规模启动新冠肺炎疫苗接种。截止到2021年11月9日，疫苗完整接种人数为10.7亿人次，疫苗接种率已经超过75%。

在出境旅游目的地中，欧洲和北美洲的疫苗接种率较高。截止到2021年11月，疫苗接种率较高的目的地主要集中在欧洲、北美洲、东亚和东南亚等区域。截止到2021年11月8日，主要旅游目的地的疫苗覆盖率依次为：新加坡（82.7%）、西班牙（79%）、柬埔寨（78.7%）、韩国（76.3%）、马来西亚（76%）、加拿大（75%）、日本（74.5%）、意大利（73.1%）、芬兰（71.1%）、法国（68.5%）、英国（68.2%）、澳大利亚（67.7%）、德国（67%）、蒙古（65.3%）、新西兰（65.2%）、希腊（60%）、中国香港（59.6%）、阿根廷（58.9%）、美国（58.4%）、巴西（57.9%）、中国澳门（55.7%）、波兰（52.9%）、泰国（48.6%）、俄罗斯（34.4%）、中国台湾（38.1%）、越南（29.6%）、印度尼西亚（29%）、印度（25%）、菲律宾（22.2%）和南非（21.8%）。

ated:

第二章

"双循环"为我国的出境旅游带来了机遇和挑战

一、"双循环"新格局下支撑出境旅游发展的长期因素正在强化

(一)"双循环"新格局

中国目前正在致力于把满足国内需求作为发展的出发点和落脚点,逐步形成以国内大循环为主体、国内国际双循环相互促进的新发展格局。这是我国为积极应对供给侧结构性改革新定位和新冠疫情冲击等内外部环境变化而作出的重大政策调整。新冠肺炎疫情的蔓延,对全球服务贸易及国际旅游的打击尤为严重。根据联合国贸易和发展会议(UNCTAD)统计数据,2020年全球服务贸易同比下降19.8%,国际旅游收入降幅高达68.7%。我国包含出入境旅游在内的服务进出口贸易也不可避免地受到疫情冲击,出现了下降趋势。国家统计局数据显示,2020年,我国服务进出口总额45 643亿元,比上年下降15.7%。其中,服务出口19 357亿元,下降1.1%;服务进口26 286亿元,下降了24.0%。尽管全球疫情防控形势依然严峻,也要看到,中国是国内新冠肺炎疫情控制后经济恢复较快的国家,内需的动力强劲,坚持改革开放、继续扩大对外开放的基本国策不会改变,这是必须纳入观察的重要长期变量,也是构建国内国际双循环相互促进的旅游合作新格局的基本因素。

国内国际双循环为我国的出境旅游带来了机遇和挑战。挑战体现在:发展国内旅游大循环,对出境旅游的替代效应明显,以往的出境旅游需求将寻找境内的释放空间。这体现在市场习惯的养成上,更多的国内旅游目的地进入游客的视野,国内旅游成为具有重要竞争力的可选项和替代品,与之相关的心智模式也随之出现了明显转变。即使全球疫情消退,游客得以较为自由地出境,对出境目的地和相关产品的接受程度和选择影响因素都会有明显变化。挑战也体现在出境旅游供应链和国内旅游供应链的调整和更新上。为了在疫情中生存,相当比例的出境旅行服务商扩展了业务范围,比如进入国内旅游和会展领域。虽然现有的供应链在某些方面有明显优势,但是也必须根据市场和资源状

况调整。进入新领域的出境旅行服务商与该领域商家的竞合关系，在推动各自供应链的调整和更新的同时，也带来了更多的不确定性。与挑战并存的还有机遇。首先，强大的国内旅游大循环是出境旅游发展的坚强后盾，是应对外部风险和挑战的重要保障。为了推动国内旅游大循环发展，必须要充分挖掘居民的潜在旅游消费能力，完善居民休闲度假制度，这在客观上为出境游挖掘了潜在消费者，提供了出境游的便利条件。其次，国内国际双循环发展战略中，强调国内国际双循环相互促进。在这一新战略的指导下，我国会继续优化旅游业对外开放，促进"双循环"，有序引导出境旅游的健康发展，出境旅游的政策前景是明朗的。当前，我国正在构建全方位、多层次、广领域的旅游业对外开放模式，力求在"双循环"新发展格局下获取包括出境旅游在内的旅游业发展。比如持续推进"一带一路"沿线各方的旅游交流与合作，持续推动APEC框架下的旅游信息交流和政策协作，这些都有利于未来我国出境旅游的健康发展。

（二）稳定的基本面将为疫情影响消退后的出境旅游带来积极预期

国民生产总值、人均可支配收入和人均消费支出等指标向好，为未来的出境旅游发展提供了坚实的支撑，发展动能正在积蓄集聚。

近年来，中国经济一直保持着稳定的增长态势，即使在受疫情影响的情况下，经济发展态势依然良好，2016—2020年，中国国内生产总值（GDP）保持增长态势（如表2-1、图2-1所示）。2020年中国的国内生产总值依然达到了101.6万亿元，经济总量首破百万亿元大关，比上年增长2.3%。中国国家统计局数据显示，2021年上半年国内生产总值53.22亿元，按可比价格计算，同比增长12.7%。经济合作与发展组织（OECD）预测2021年中国经济将增长8.5%，2022年将预计增长5.8%，两年的增速均高于全球平均水平。各权威机构对中国未来的经济发展也充满了信心（如表2-2所示）。尽管由于疫情影响使得当前出境旅游发展陷入停滞，但是经济发展的稳健表现，依然有力维护了从业者对出境旅游市场的信心。

表 2-1 中国 2016—2020 年国内生产总值及同比增长率

年　份	国内生产总值（亿元）	同比增长（%）
2020	1 015 986	2.3
2019	990 865	6.1
2018	900 309	6.6
2017	827 122	6.9
2016	744 127	6.7

数据来源：国家统计局官网

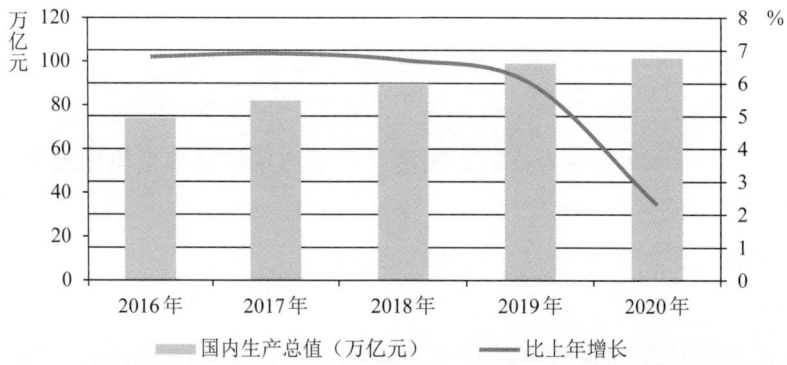

图 2-1 中国 2016—2020 年国内生产总值及同比增长率

数据来源：国家统计局官网

表 2-2 相关机构对中国 2021 年经济发展的预测

机构名称	经济增速预测值（%）
经济合作与发展组织（OECD）	8.5
亚洲开发银行	8.1
国际货币基金组织（IMF）	8.4
高　盛	8.5
摩根大通	8.7

数据来源：相关机构官方网站

国民总收入和人均可支配收入的持续增长,使得未来我国居民有更多可能参与出境旅游活动。2016—2020年,我国人均可支配收入一直保持着增长态势。2020年,我国居民人均可支配收入32 189元,比上年增长4.7%,扣除价格因素,实际增长2.1%。详见表2-3所示。居民收入不断提升带动了我国总体消费支出的增长,2020年我国最终消费支出占GDP比重仍然达到近十年来最高水平的54.3%。

表2-3 中国2016—2020年人均可支配收入及增长率

年 份	人均可支配收入(元)	同比增长(%)
2020	32 189	4.7
2019	30 733	8.9
2018	28 228	8.7
2017	25 974	9.0
2016	23 821	8.4

数据来源:国家统计局官网

中国GDP排前十的省(直辖市)分别是广东省、江苏省、山东省、浙江省、河南省、四川省、福建省、湖北省、湖南省和上海市;按美元计算,广东省、江苏省和山东省的GDP均达1万亿美元以上,这些经济发展位于前列的大多数地区同样在可支配收入和消费支出等方面居于领先地位,将是未来出境旅游复苏时有可能率先启动的重要市场。详见图2-2所示。

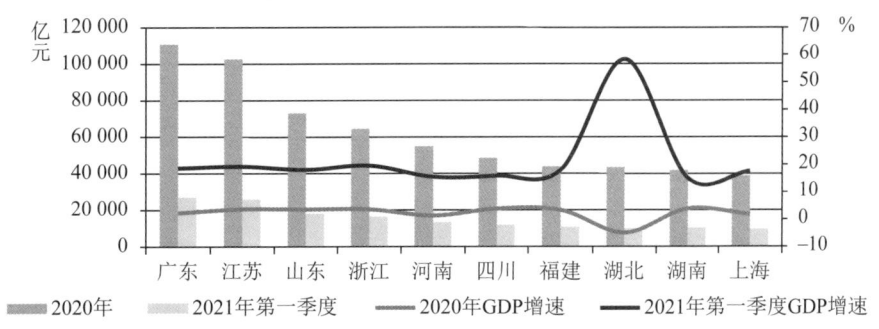

图2-2 2020年及2021年第一季度排名前十省(直辖市)的GDP和增速

数据来源:国家统计局及各省统计局官网

2020年全国居民人均可支配收入与经济的增长速度基本同步，全国人均可支配收入不断增长。2020年全国居民人均可支配收入32 189元，比上年名义增长4.7%，扣除价格因素，实际增长2.1%。其中，城镇居民人均可支配收入43 834元，增长3.5%，扣除价格因素，实际增长1.2%；农村居民人均可支配收入17 131元，增长6.9%，扣除价格因素，实际增长3.8%。2021年，我国仍持续巩固疫情防控成果，推动经济社会发展，持续稳定恢复国民经济。2021年上半年，全国居民人均可支配收入17 642元，同比名义增长12.6%，扣除价格因素，同比实际增长12.0%。其中，城镇居民人均可支配收入24 125元，同比名义增长11.4%，扣除价格因素，实际增长10.7%；农村居民人均可支配收入9248元，同比名义增长14.6%，扣除价格因素，实际增长14.1%。详见图2-3所示。城镇和农村居民人均可支配收入的增加，将有利于未来出境旅游市场的复苏和发展。

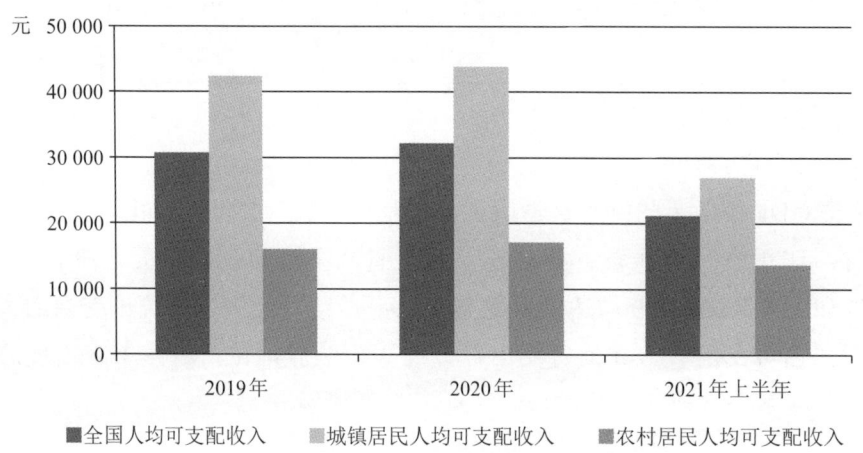

图2-3　2019—2021年上半年全国人均可支配收入

数据来源：国家统计局

2021年上半年全国居民人均消费支出11 471元，比上年同期名义增长18.0%，扣除价格因素，实际增长17.4%。其中，城镇居民人均消费支出14 566元，增长16.7%，扣除价格因素，实际增长16.0%；农村居民人均消费支出7464元，增长20.2%，扣除价格因素，实际增长19.7%。详见图2-4所示。目前，消费支出中并没有包含出境旅游的支出，疫情下的出境旅游消费需求处于被抑制的状态。

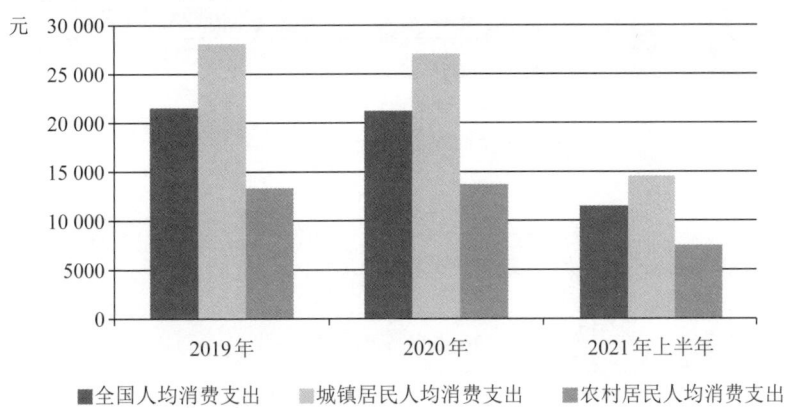

图 2-4　2019—2021 年上半年全国人均消费支出

数据来源：国家统计局

2020 年，人均可支配收入排前十的省（自治区、直辖市）分别是上海、北京、浙江、天津、江苏、广东、福建、山东、辽宁和内蒙古；人均消费支出全国前十名分别是上海、北京、浙江、广东、天津、江苏、福建、重庆、湖南和山东。详见图 2-5、图 2-6 所示。

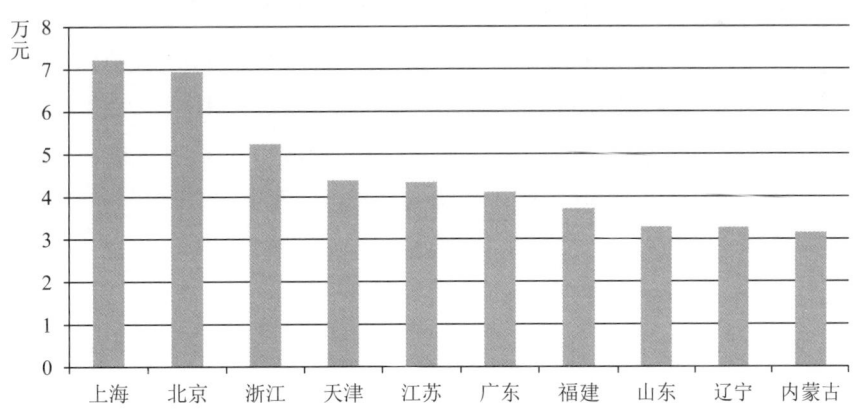

图 2-5　2020 年人均可支配收入全国前十名

数据来源：各省统计局资料整理

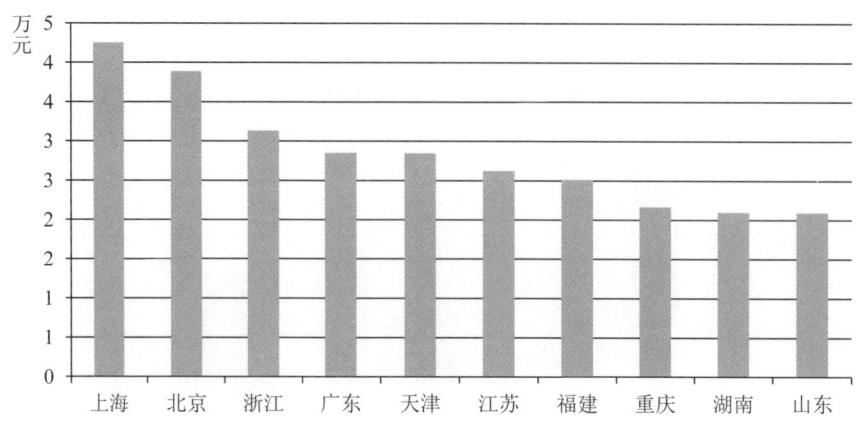

图 2-6 2020 年人均消费支出全国前十名

数据来源：各省统计局资料整理

交通条件的持续改善，为出境旅游的未来复苏和发展提供了便利。

2020年，新冠疫情给民航业带来了巨大冲击，中国航空业在全球率先触底反弹，国内航空运输市场成为全球恢复最快、运行最好的航空市场，跨境航线也在积极探索优化的可能。截至2020年底，我国共有运输航空公司64家，比上年底净增2家。2020年，我国共有定期航班航线5581条，国内航线4686条，其中，港澳台航线94条，国际航线895条。2020年，定期航班国内通航城市（或地区）237个（不含香港特别行政区、澳门特别行政区和台湾地区）。我国航空公司国际定期航班通航62个国家的153个城市，内地航空公司定期航班从25个内地城市通航香港特别行政区，从17个内地城市通航澳门特别行政区，大陆航空公司从43个大陆城市通航台湾地区。

即便受到疫情的严重冲击，我国国际客运包机航线依然分布广泛。2020年6月至2021年7月，我国国际客运包机航线覆盖28个省（直辖市、自治区），分别为广东、江苏、福建、陕西、四川、浙江、湖北、上海、北京、天津、辽宁、山东、新疆、重庆、安徽、河南、河北、山西、黑龙江、内蒙古、吉林、海南、云南、甘肃、宁夏、广西、贵州和湖南。每周航班频次在15次以上（不含15次）前十名城市依次是西安、成都、广州、武汉、上海、北京、福州、厦门、深圳和南京。详见表2-4所示。

表2-4　2020年6月至2021年7月中国国际客运包机航线所在省市排名及航线频次

省（自治区、直辖市）排名	省（自治区、直辖市）	市排名	城市	各市航线频次
1	广东	3	广州	34
		9	深圳	16
		20	揭阳	8
			合计	58
2	江苏	10	南京	16
		14	无锡	13
		16	常州	10
		22	南通	8
		30	盐城	4
			合计	51
3	福建	7	福州	26
		8	厦门	18
			合计	44
4	陕西	1	西安	42
5	四川	2	成都	38
6	浙江	11	杭州	16
		17	宁波	10
		18	温州	9
		40	义乌	1
			合计	36
7	湖北	4	武汉	30
		39	恩施	1
			合计	31
8	上海	5	上海	30
9	北京	6	北京	29
10	天津	12	天津	15

续表

省（自治区、直辖市）排名	省（自治区、直辖市）	市排名	城　市	各市航线频次
11	辽　宁	19	大　连	8
		23	沈　阳	7
			合　计	15
12	山　东	26	烟　台	6
		29	青　岛	4
		34	临　沂	2
		36	济　南	2
			合　计	14
13	新　疆	13	乌鲁木齐	13
14	重　庆	15	重　庆	12
15	安　徽	21	合　肥	8
16	河　南	24	郑　州	6
17	河　北	25	石家庄	6
18	山　西	27	太　原	5
19	黑龙江	28	哈尔滨	5
20	内蒙古	32	呼和浩特	3
		37	鄂尔多斯	1
		41	二连浩特	1
			合　计	5
21	吉　林	31	长　春	3
22	海　南	33	三　亚	3
23	云　南	35	昆　明	2
24	甘　肃	42	兰　州	1
25	宁　夏	45	银　川	1

续表

省（自治区、直辖市）排名	省（自治区、直辖市）	市排名	城 市	各市航线频次
26	广 西	38	南 宁	1
27	贵 州	43	贵 阳	1
28	湖 南	44	长 沙	1

数据来源：民航局数据整理

2020年6月至2021年7月间，我国的国际客运航线依然通达五大洲41个通航国家的62个国际客运城市。从洲际来看，亚洲分布最多，占86%；欧洲居次，占11%。从亚洲区域来看，航线主要分布在东亚和东南亚，分别占亚洲航线的41%和40%。详见图2-7所示。从国家来看，我国国际客运航线频次排名前十位的国家依次是韩国、泰国、越南、日本、俄罗斯、巴基斯坦、菲律宾、印度尼西亚、乌兹别克斯坦和新加坡。详见图2-8所示。

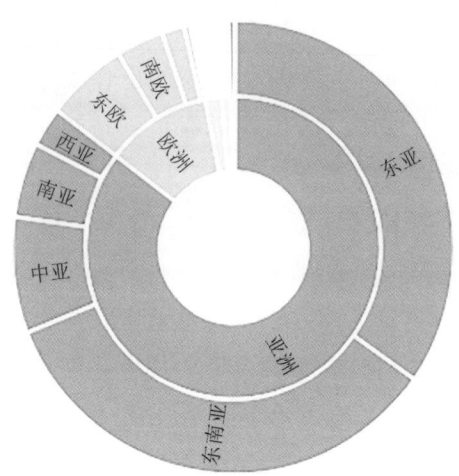

图2-7　2020年6月至2021年7月国际客运包机航线洲际分布

数据来源：民航局数据整理

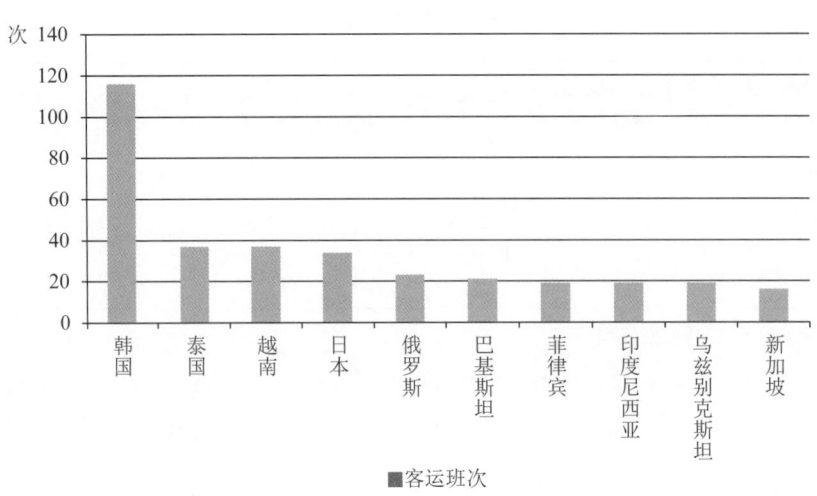

图 2-8　2020 年 6 月至 2021 年 7 月中国国际客运包机航线前十位国家

数据来源：中国民航局

中国游客在境外目的地当地的便利化程度在 2021 年也有所提升。2021 年，中国与法国、塞尔维亚的驾驶证互认换领协议均开始生效。

跨境航线不断优化的同时，境内交通条件也在大幅度地改善，使得客源地游客的产出能力增强，出境旅游的市场辐射范围持续扩大。交通运输部数据显示，2020 年，我国铁路固定资产投资完成 7819 亿元，投产新线 4933 公里，其中高速铁路 2521 公里；铁路营业里程达到 14.63 万公里，其中高铁营业里程 3.8 万公里以上；全国铁路路网密度 152.3 公里/万平方公里。2020 年，我国公路总里程 519.81 万公里，公路密度 54.15 公里/百平方公里。2020 年末共有颁证民用航空机场 241 个，比上年末增加 3 个，其中定期航班通航机场 240 个，定期航班通航城市 237 个；年旅客吞吐量达到 100 万人次以上的通航机场 85 个，其中年旅客吞吐量达到 1000 万人次以上的通航机场 27 个。[①]

签证便利化程度是影响出境旅游的重要因素。优化签证环境，提升签证便利化水平，有利于消解人们出境游的政策和心理障碍。尽管在疫情影响下签证环境发生了很大变化，但是已经形成的签证政策框架的基础还在，目的地国家或地区对中国出境游客的积极期望还在。根据中国领事服务网站的信息，截止到 2020 年 10 月 21 日，中国已与 148 个国家（地区）缔结适用范围不等的互

---

① 以上交通数据来源于中国交通运输部网站。

免签证协定，且中国公民持所适用的护照前往这 148 个国家（地区）短期旅行通常无须事先申请签证。截止到 2021 年 1 月，与中国互免普通护照签证的国家有 15 个，分别是阿联酋、巴巴多斯、巴哈马、波黑、厄瓜多尔、斐济、格林纳达、毛里求斯、圣马力诺、塞舌尔、塞尔维亚、汤加、白俄罗斯、卡塔尔、亚美尼亚；单方面允许中国公民免签入境的国家或地区有 18 个，分别是印度尼西亚、乌兹别克斯坦、韩国（济州岛等地）、阿曼、阿尔巴尼亚、摩洛哥、法属留尼汪、突尼斯、安提瓜和巴布达、海地、南乔治亚和南桑威奇群岛（英国海外领地）、圣基茨和尼维斯、特克斯和凯科斯群岛（英国海外领地）、牙买加、多米尼克、美属北马里亚纳群岛（塞班岛等）、萨摩亚、法属波利尼西亚；单方面允许中国公民办理落地签证的国家和地区有 40 个，包括阿塞拜疆、巴林、东帝汶、印度尼西亚、老挝、黎巴嫩、马尔代夫、缅甸、尼泊尔、斯里兰卡、泰国、土库曼斯坦、文莱、伊朗、约旦、越南、柬埔寨、孟加拉国、马来西亚、埃及、多哥、佛得角、加蓬、科摩罗、科特迪瓦、卢旺达、马达加斯加、马拉维、毛里塔尼亚、圣多美和普林西比、坦桑尼亚、乌干达、贝宁、津巴布韦、圭亚那、圣赫勒拿（英国海外领地）、帕劳、图瓦卢、瓦努阿图、巴布亚新几内亚。为了在未来吸引更多的中国游客，即使在疫情中，也有很多国家或地区放宽对中国居民的签证，简化签证手续，缩短办理时间，各国签证政策的变化频次明显提高。这些都为未来疫情消退时的签证便利化创造了有利条件。

支付方面，我国从事支付业务的市场主体近年来发展迅速，以体量大、创新多、场景密集著称，丰富的境外支付方式给未来的出境旅游提供了便利和助力。以中国银联为例，近年来，银联国际加快做广做深银行卡、互联网、移动支付受理网络，目前银联卡线下受理网络已延伸到 180 个国家和地区，覆盖境外超过 3200 万家商户，其中超过半数国家和地区支持银联移动支付服务。银联在数字娱乐、旅行交通等场景形成特色，消费者可在网页端输入银联卡号直接支付，或在 PayPal、各种手机 Pay 上绑定银联卡进行支付。与此同时，第三方支付平台的全球化力度也在明显加大。支付宝作为中国最大的数字支付平台和全球交易量最大的第三方支付公司，聚焦于美国、日本、欧洲地区、非洲和东南亚地区市场，全面布局电商"一站式跨境收付平台"全球战略。支付宝接入 40 余个国家的万余商户，积极开展本地化布局，并且与多个国家的本土品牌企业达成合作。在日本，无印良品、高岛屋、近铁百货、唐吉柯德、优衣库、大阪关西国际机场等 2 万余家商户支持支付宝付款。微信支付凭借十余种外币结算成功登陆 20 余个国家及地区。2020 年 2 月，微信支付取得了尼泊尔央行的运营牌照；2020 年 7 月，微信支付进入土耳其。百度钱包、京东金融等后起之秀不甘落后，分别与全球支付平台 PayPal、泰国尚泰达成国际战略合作。

（三）疫情防控因素

新型冠状病毒肺炎（COVID-19）疫情的流行夺去了无数人的生命，给全球旅游业带来严重打击。世界旅游组织（UNWTO）的数据显示，受疫情影响 2020 年国际游客人数下降了 74%，比上一年减少了 10 亿人次。截止到 2021 年 7 月 5 日，全球超过三分之一目的地国家（地区）已部分关闭边境，36% 的目的地在抵达时要求 COVID-19 检测结果为阴性，在某些情况下还需要隔离。

疫情使得大量的出境旅游需求遭到抑制，但是其释放的时间依然难以确定。从短期看，疫情防控形势与出境旅游的重启可能性直接相关。各国和各地区正在有序推进新冠疫苗接种，努力复苏当地旅游业，在疫情控制较好的国家和地区，人员流动和旅行开始尝试走向正轨。从长期看，疫情及与之相关的防控措施对出境旅游的直接影响及其带来的连锁反应、疫情影响持续的时间，都有较大概率会超出人们的预期。若全球疫情防控形势良好，则出境旅游有望逐步复苏；反之，若全球疫情防控形势长期不确定，则出境旅游复苏前提难以充分，且会面临反复冲击的风险和困难。

疫苗是新冠肺炎疫情防控的关键手段，疫苗的接种率和有效率影响着旅游业的复苏进程。世界旅游组织研究认为，目的地国家（地区）的疫苗接种速度与放宽限制之间存在联系。相比之下，那些疫苗接种率较高且各国能够共同制定统一规则和协议的目的地，疫苗接种率高，旅行限制相对宽松，旅游业恢复有加速的可能。

当前，我国疫情防控措施已经常态化，包括接种疫苗、快速核酸检测、数字健康码、发放疫苗护照、继续佩戴口罩、避免人群聚集等措施，给未来出境旅游复苏提供了经验借鉴和技术准备，疫情常态化防控下的国内旅游逐步复苏也给出境旅游的未来重启带来了信心。

（四）科技因素的影响

近年来，5G、大数据、人工智能等科学技术与旅游业的结合越来越紧密，也为未来出境旅游的复苏提供了不可忽视的助力。疫情期间，全面预订、虚拟现实、数字身份识别服务、无接触入住以及依托于大数据的旅游流动调控方式等科技手段得到广泛应用，不但保障了游客的出游安全，提升了出游效率和满意度，还为市场主体的产品服务创新和流程优化提供了新的思路。比如，有关健康证明、航班查询等APP的开发也为出境旅游提供了极大的便利。2021年3月，中国推出"国际旅行健康证明"微信小程序，展示持有人的核酸、血清IgG抗体检测结果及疫苗接种情况等，以供各国相关部门验证并读取个人相关信息。2021年5月，中国民航局上线了"国际定期客运航班预先飞行计划查询"小程序，旅客可通过民航局官网首页进入小程序，自主查询已获批复的国际客运航班计划权威信息，使得游客获取出行信息更加便利。

可以观察到，全球范围的旅游目的地越来越重视数字化转型和创新，通过数字化手段有机融合疫情防控模块和出境旅游模块，积极构建面向未来的数字化跨境智能旅游模式，包括智能疫情防控、智能签证、智能边境安检、智能登机、移动支付等。世界旅行与旅游理事会（WTTC）的数据显示，66%的消费者正在转向数字支付，全球45%的航空乘客计划将纸质护照换为电子护照。通过整合这些工具，乘客可以在确保安全的前提下，享受到更多的跨境旅游便利。

（五）人口和家庭状况变化与城市化进程的影响

中国的人口规模和结构的现状和发展趋势是影响出境旅游发展的长期因素。

第七次人口普查数据显示，2020年中国人口共14.12亿人，与2010年相比，增长5.38%；年平均增长率为0.53%。10年来继续保持低速增长态势，比2000年到2010年的年平均增长率0.57%下降0.04个百分点。庞大和稳定增长的人口规模，依然具有优势的人口结构推动着中国出境旅游市场形成稳定的发展预期。从人口年龄结构看，0-14岁人口为25 338万人，占17.95%；15-59岁人口为89 438万人，占63.35%；60岁及以上人口为26 402万人，占18.70%。与2010年相比，0-14岁、15-59岁、60岁及以上人口的比重分别上升1.35个百分点、下降6.79个百分点、上升5.44个百分点。一般以人口总抚养比小于50%作为人口年龄结构红利期，我国自1995年以来一直处于人口年龄结构红利期（如图2-9所示）。这一时期劳动人口在总人口中的比例处于较高水平，带来家庭收入和财富的快速累积，使得我国居民出境旅游有着较稳定持续的经济支持。中国人口规模和年龄结构的变化在给出境旅游发展带来机遇和挑战的同时，也正在相当程度上重塑出境旅游的面貌。

近年来，中国的家庭结构也发生了重大改变。家庭户规模变小，独生子女家庭增多，少子化现象普遍，家庭户规模由2000年的3.44人/户降至2019年的2.92人/户。详见图2-10所示。家庭结构的变化对于出境旅游需求的影响正在通过出游可能性、产品和服务偏好以及价格敏感程度等方面的变化显现出来。

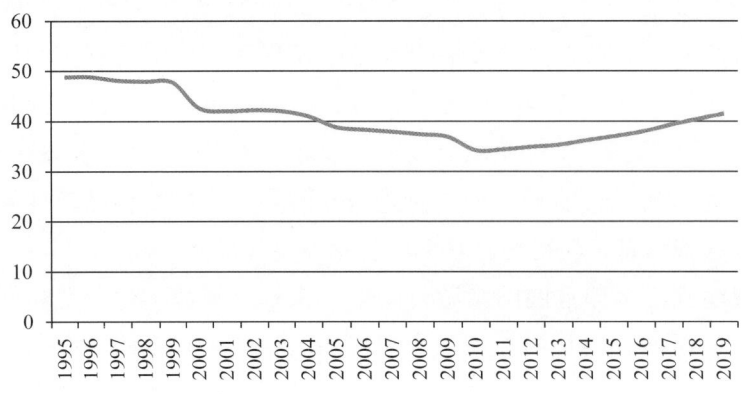

图 2-9　中国 1995—2019 年总抚养比（%）

数据来源：国家统计局官网

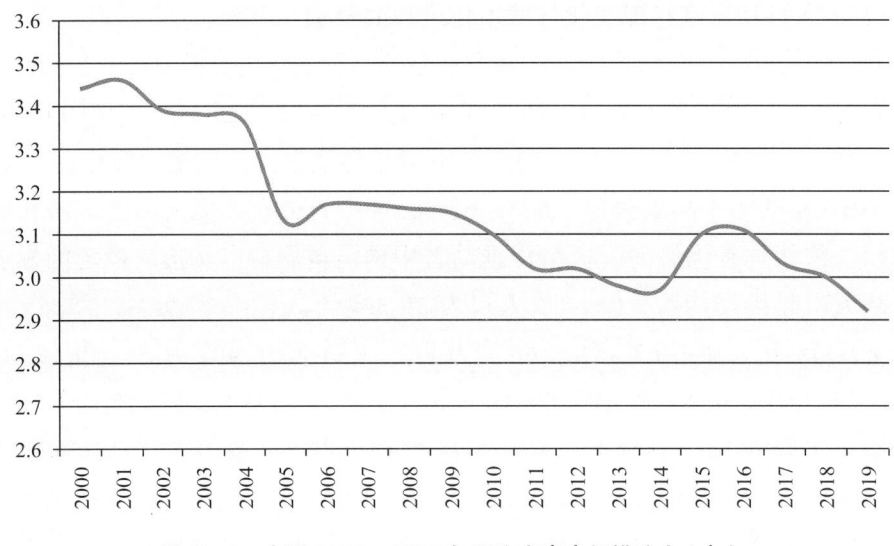

图 2-10　中国 2000—2019 年平均家庭户规模（人/户）

数据来源：国家统计局官网

改革开放以来，我国城镇化建设取得了举世瞩目的成就，常住人口城镇率从 1978 年的 17.9% 提高到 2019 年的 60.6%。2015—2019 年，我国常住人口城镇化率一直保持着增长态势。详见图 2-11 所示。城市化进程的加快会激发人民的旅游需求，进一步影响出境旅游的发展。城镇人口的增加，城镇经济的繁荣，为包括出境旅游在内的旅游活动的开展提供了必要的基础。在放大出境旅游影响力的同时，还开拓"小镇青年"等在内的新的市场客源。

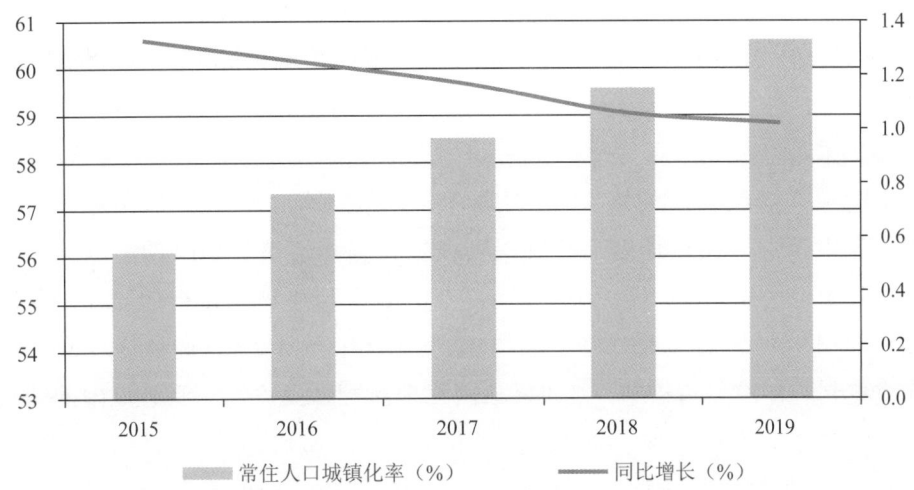

图 2-11　中国 2015—2019 年常住人口城镇化率及增长率（%）

数据来源：国家统计局官网

二、疫情冲击下的便利化演变

新冠肺炎疫情持续至今，全球疫情依然严峻，疫情防控常态化发展。不同国家和地区在不同阶段有着不同的防控措施，一般遵循着这样的规律：暴发初期严控；随着防控经验日益丰富和疫情形势好转探索逐步放松；由于疫情反复又采取关闭边境等强化措施；在疫苗接种达到一定比例和规模后，随着大数据等技术应用、对症医疗方案的成熟以及精细化防控措施的效果显现，又积极探索开放边境的可能性。这些防控措施由于涉及游客的跨境移动，使得疫情防控常态化下的便利化呈现出更为复杂的形态和更为多元的举措。

在疫情暴发初期，全球大部分目的地国家和地区选择关闭边境，严格限制境外输入，加强出入境检查，进行旅行限制和边境管制等，各客源地和目的地的疫情防控使得跨境旅行陷入停滞。

航空是出境旅游发展的重要前提，为了防控疫情，许多国家和地区都采取了严格的航空管制政策。这些航空管制政策不仅影响了便利化进程，而且持续时间十分长久。由于疫情防控的影响，出境旅游目的地和客源地之间的关注点、政策协调出发点和着力点以及技术引进和应用出现了独有的演变特征。中国先后采取了"五个一"等政策，随着疫情的变化态势逐渐调整。2020年3月12日与26日，中国相继发布了《关于疫情防控期间控制国际客运航班量的通知》和《关于疫情防控期间继续调减国际客运航班量的通知》，要求中外航司的国际客运航班采取"一司一国一线一周一班"即"五个一"的运营方式，以发布的第五期国际客运航班信息为基准，国际航线只减不增，国内外航司运营国际航线需预先申请制定飞行计划，民航局则根据各国疫情态势随时调整国际客运航班计划并予以公示。《关于国际定期客运航班熔断措施调整试行的通知》要求根据疫情状况对各航司采取奖励熔断措施，2020年4月29日调整为"国际航班熔断或控制客座率运行措施"，如果某国发现新冠肺炎疫情，则赴该国的国际航线航班客座率需不超40%运行四周。"五个一"实施后，参与的仅有国内19家航司和28家外国航司，11家国内航空公司和95家外国航空公司未被允许参与运营"五个一"航班。

2020年5月27日，为了满足境内外复工复产需要，中国民航局发布了《关于建立复工复产国际客运包机计划审批"绿色通道"的通知》，国内外航司需要获得不定期飞行航班许可和预先客运包机飞行计划的申请。2020年6月8日，民航局国家航班政策调整为：允许未列入"第五期"航班计划的95家国外航司按照"五个一"运营原则，在本公司的经营许可范围内，选择1个具备接收能力的口岸城市，而且国际客运航线航班每周只运营1班。但由于17个国家仍实施行政停航或限飞禁令，31家外航暂时无法恢复赴华的国际航班。这17国分别是沙特阿拉伯、意大利、奥地利、匈牙利、朝鲜、蒙古、以色列、阿曼、土耳其、格鲁吉亚、吉尔吉斯斯坦、塔吉克斯坦、土库曼斯坦、乌兹别克斯坦、马尔代夫、毛里求斯和印度尼西亚。有16个国家的20家国外航司，航班每周最多增加20班，这16个国家分别是阿尔及利亚、阿富汗、阿塞拜疆、哈萨克斯坦、卡塔尔、肯尼亚、卢旺达、马达加斯加、摩洛哥、墨西哥、瑞士、文莱、乌克兰、伊拉克、伊朗、越南等。自6月8日起，国际客运航班调整后，保持通航的23个国家44个航空公司每周最多增加44个航班，实际执飞的国际客运航班每周不超过64班。我国公布的具备国际客运航班接收能力的38个口岸城市分别是北京、常州、成都、大连、福州、广州、贵阳、哈尔滨、杭州、合肥、呼和浩特、济南、昆明、兰州、南昌、南京、南宁、南通、宁波、青岛、泉州、厦门、上海、深圳、石家庄、太原、天津、温州、乌鲁木齐、无锡、武汉、西安、延吉、长春、长沙、郑州、重庆和烟台。

随着疫情防控形势的变化，各国（地区）的疫情防控开始常态化，大部分国家（地区）试图逐步放松边境管控。比如，俄罗斯在2021年6月30日取消对中国、比利时、列支敦士登等10国公民的入境限制；法国进一步放宽入境限制，从6月9日起，来自法国政府设定的"绿色国家"名单上的旅客，可以自由进出法国，已接种完疫苗的人群无须携带核酸检测阴性证明。疫情防控措施也会随着疫情形势进行调控，疫情缓和时期放松边境限制和境内管控，疫情反弹时加紧疫情防控策略。2021年9月，受新冠变异德尔塔病毒的影响，一些国家和地区的疫情形势严峻，再次采取较为严格的疫情防控手段，进行边境限制。比如，2021年中的时候，菲律宾政府就将阿联酋、印度、巴基斯坦、斯里兰卡、阿曼、尼泊尔和孟加拉国的旅行限制延长。

疫情防控手段进一步升级，各国开始进行疫苗接种、快速核酸检测以及数字化防疫。如中国推行"健康码"出行系统、"周边疫情信息查询"系统、利用手机APP功能和GPS定位功能对居家隔离人员实施监控、安装"智能测温仪"、推出中国版"国际旅行健康证明"；日本采用手机APP在线提交入境相关信息，生成二维码进行入境查验；泰国为游客推出名为Thailand Plus的强制性应用程序，它会跟踪用户的活动并提供实时的COVID-19建议。

目前，一些目的地国家和地区随着疫情防控形势的好转开始考虑开放边境，重启跨国旅行。希腊2021年5月15日起允许持有接种新冠疫苗或核酸检测阴性证明的外国游客入境。泰国现已对63个国家免签，这些国家或地区在前往泰国之前不需要签证（要进行4项PCR测试和14天酒店检疫）。2021年7月1日起，欧盟成员国以及挪威、冰岛、列支敦士登等国正式启用数字新冠通行证，帮助欧洲公民重获自由。新加坡9月8日启动接种者旅游走廊计划，新加坡人只要完成接种，到德国游玩返新后，不必履行居家通知，只需在从德国出发前的48小时内、抵新时，以及回新后的第三及第七天接受PCR拭子检测即可。美国在9月20日宣布，自11月起将放宽中国、印度、英国以及其他欧洲国家等共33个国家的入境措施，这些国家的旅客需完全接种疫苗、出行前3天内进行核酸检测且取得未感染新冠病毒的证明后，就可入境美国。表2-5为部分国家或地区的疫情防控措施和出入境政策。

未来，随着疫情防控手段的进一步升级、全球疫苗接种率和有效率的提升，各目的地国家（地区）会更进一步地放宽边境管制，逐步恢复国际旅游业，这也包括中国的出境旅游。

与以往相比，各种因素的相互影响将在很大程度上重塑未来的旅游便利化面貌。疫情防控措施将成为常态化存在，中国出境游客对出游过程的安全、健康和便捷的要求会更高，政策环境和产业供应链也在力图通过技术引进和模式创新适应这种新环境。演化进行的依据不仅仅存在于当前世界范围内我们能够看到的这些疫情防控措施和出入境政策，还存在于由此产生的市场反应、产业应对和游客期望上。

表2-5　部分国家（地区）的疫情防控措施和出入境政策

国家或地区	疫情防控措施	边境控制政策概览
中国大陆地区	疫情发生，启动政府各部门联防联控和基层社区群防群控机制，迅速遏制疫情的蔓延。 严防境外输入和境内疫情反弹，采取航班熔断措施。 采取封城、居家隔离、核酸普测、健康监测、佩戴口罩等措施。各地开展社区防控，对社区进行封闭式、半封闭式管理，减少人员流动，协助做好疾病监测、居家隔离工作，实现了疫情防控的全覆盖。 建立"方舱医院"收治确诊的轻症病人；自主研发检测试剂、攻关疫苗；轻症、重症分开治疗，征用学校、酒店作为隔离点；开发医疗资源，大力生产口罩、防护服、呼吸机等医疗器具；开展疫苗接种工作。 进行数字化防疫：推出并实时更新"周边疫情信息查询"系统；利用手机APP功能和GPS定位功能对居家隔离人员实施监控；在人流密集地方安装"智能测温仪"；推行"健康码"出行系统；国务院客户端推出全国通用的"一键证明"；推出中国版"国际旅行健康证明"。	自2021年10月9日零时起，澳门进京人员将实行全流程闭环管理，入境北京后实行14天隔离医学观察及7天健康监测，并按入境北京人员集中隔离和健康监测要求开展核酸检测。 自2021年3月15日起，中方对已接种中国生产的新冠肺炎疫苗，并持疫苗接种证明材料的外籍人员提供来华签证便利。 赴华从事各领域必要复工复产活动的人员及其家属，可按照疫情前要求准备材料并递交申请。 因"紧急人道主义需要"赴华的中国公民或永久居民的外籍家庭成员，包括配偶、父母、子女和其他共同生活的近亲属（指兄弟姐妹、祖父母、外祖父母、孙子女、外孙子女），赴华事由为家庭团聚、赡养、探亲、奔丧或探望危重病亲属的，可递交相关材料申请签证。 持有效APEC商务旅行卡人员，可凭有效APEC商务旅行卡及中国国内邀请单位出具的邀请函，申请办理商贸类（M字）签证。 以上相关便利仅适用于那些在申请签证前至少14天，已经注射过一剂或两剂中国疫苗，并持疫苗接种证明材料的签证申请人。 中方关于搭乘航班赴华人员的要求不变，目前仍须同时持有新冠病毒核酸检测及血清抗体检测双阴性证明两项证明，入境后须遵守中方关于隔离观察的相关规定。

续表

国家或地区	疫情防控措施	边境控制政策概览
中国香港	防控策略是"政府对境外输入的筛查管控"+"境内居民和社会各界的自觉自肃"。 政府采取健康及检疫资讯申报制度、限制入境和强制检疫手段。 推行覆盖全港的新冠病毒疫苗接种计划，所有12岁或以上的香港居民均可免费接种疫苗。截止到2021年7月15日，已接种第一针的人口占40.1%，接种第二针的人口占28%。进行新冠病毒电子疫苗接种及检测记录。 根据疫情来调整社交距离措施，放宽一些聚集活动的参与人数上限，若三分之二出席人士已接种第一剂新冠疫苗，上限可放宽至场地可容纳人数100%。	因为疫情反复，香港不得不延期至2022年3月底通关。 从2021年9月15日起，身处广东省和澳门特别行政区的非香港居民人士只要符合"来港易"计划的所有指定条件，可在入境香港时获豁免强制检疫安排。 因应疫情发展及需要，政府会安排抵港人士接受病毒检测；所有入境人士必须递交健康申报表。 政府把相关指明地区按风险分类所实施的登机及强制检疫要求。极高风险A1组：巴西、印度、印度尼西亚、尼泊尔、巴基斯坦、菲律宾、南非及英国；甚高风险A2组：爱尔兰、俄罗斯；高风险B组：阿根廷、孟加拉国、比利时、柬埔寨、加拿大、哥伦比亚、厄瓜多尔、埃及、埃塞俄比亚、法国、德国、意大利、日本、哈萨克斯坦、肯尼亚、韩国、马来西亚、荷兰、罗马尼亚、新加坡、瑞士、泰国、土耳其、乌克兰、阿拉伯联合酋长国、美国及越南；中风险C组：中国（指内地、香港、澳门及台湾）以外所有不属于A1组指明地区、A2组指明地区、B组指明地区或D组指明地区的地区；低风险D组：澳大利亚及新西兰。 对极高风险A1组实施地区性航班熔断机制，限制曾逗留该地区超过两小时的人士登上来港的民航客机。自当地到港人士须于指定检疫酒店接受21日强制检疫；完成接种新冠疫苗人士可缩短检疫期的安排并不适用。此外，2021年6月26日起，自高风险地区来港人士的相关登机核酸检测必须为聚合酶连锁反应（PCR）核酸检测。所有在登机当天或之前21天曾逗留任何甚高风险（A2组）指明地区人士，须于登机时出示预定起飞时间前72小时内进行的2019冠状病毒核酸检测阴性结果证明，以及其在香港指定检疫酒店预订房间的确认书。 抵港后，他们须于机场接受检测待行安排，确认检测阴性结果后须乘搭政府安排的专车前往指定检疫酒店接受21日强制检疫，其间接受四次检测，其后七天自行监察，以及在抵港第26天至社区检测中心接受强制检测。缩短已完成疫苗接种人士检疫期的安排不适用于曾逗留A2组指明地区的到港人士。 另外，现时在有关期间曾逗留A1组、A2组和B组指明地区或台湾的人士，必须在登机时出示预定起飞时间前72小时内进行的2019冠状病毒核酸检测阴性结果证明。政府2021年6月26日起收紧有关要求，指明相关的登机核酸检测必须为聚合酶连锁反应核酸检测。通过其他检测技术进行的核酸检测结果将不再视作符合指明登机要求。

续表

国家或地区	疫情防控措施	边境控制政策概览
中国澳门	严重时期禁止入境，缓和时期限制入境、入境隔离，当前放宽入境限制。 进行核酸检测；新冠病毒疫苗接种；建立电子个人健康声明系统；进行体温筛查；推出保障口罩供应澳门居民计划，要求公共场所及工作期间佩戴口罩；举行分区分级精准防控疫情演习；澳门国际机场开设大中华地区全项服务检测站，方便旅客应急办理核酸检测手续。	自2021年10月25日零时起，所有拟由内地搭乘民用飞机前往澳门特别行政区的人士，须持有采样日后48小时内作出的符合澳门卫生当局要求的新冠病毒核酸检测阴性结果证明，未能出示符合要求证明的非澳门居民可被拒绝入境。 自2021年7月10日零时起，所有经中国内地进入澳门特别行政区的人士均须持有7天内新型冠状病毒核酸检测阴性证明。 自2021年6月21日零时起，由台湾地区出发乘搭航班来澳的入境人士，登机时均须持有24小时内作出的新型冠状病毒核酸检测阴性证明。 自2021年6月11日零时起，入境前21天内曾经到过台湾地区的人士，须按照卫生当局的要求在指定地点接受21天医学观察以及最少7天自我健康管理的措施。 自2021年6月8日10时起，所有由广东省入境澳门的人士均须持有48小时内作出的新型冠状病毒核酸检测阴性证明。 自2021年6月5日零时起，入境前28天内曾到过巴西、印度、尼泊尔、巴基斯坦或菲律宾的人士，须在前来澳门的直航班机或联程航班第一程班机登机前出示7日内新冠病毒三次核酸检测阴性证明，以及一次血清IgM抗体检测阴性证明或新冠病毒疫苗接种凭证。 自2021年2月23日起，所有自内地入境澳门人士无须隔离。 以下为截止到2020年10月14日，澳门的入境政策： 外国旅客：禁止入境。 中国内地、香港、台湾旅客： 入境前14天内曾经到过外国，禁止入境； 入境前14天内曾经到过香港，须持有24小时内进行的新型冠状病毒核酸检测阴性证明，入境后要接受14天指定地点的医学观察； 入境前14天内曾经到过台湾，须持有7日内新型冠状病毒核酸检测阴性证明，入境后要接受14天指定地点的医学观察； 入境前14天内曾经到过中国内地，须持有7天内新型冠状病毒核酸检测阴性结果证明或采样证明入境；而曾经到过山东省青岛市的人士，需接受14天指定地点的医学观察。

续表

国家或地区	疫情防控措施	边境控制政策概览
日　本	采取限制入境，入境隔离措施将病毒"隔绝在境外"。新冠防疫的始终方针是控制检测数量、"抓重放轻"，重点应对重症病例。日本政府以防止医疗崩溃为由始终未采取大量筛检对策。疫情严重地区采取进入紧急状态，缓和之后转而实施力度小于紧急状态的"蔓延防止等重点措施"。紧急状态不封城，采取成熟的"分诊制"。日本以"尽可能控制感染扩散速度、尽可能减少重症和死亡病例"为目标，以要求轻症患者居家、减少对密切接触者健康观察等为手段，制定了一套极为独特的防控计划。 为了确保东京奥运会顺利举办，日本开展疫苗接种特别是奥运相关人员的疫苗接种，部署有关奥运会相关的防疫措施。针对奥运会期间大量国外人员入境，东京奥组委研发了多个基于互联网的专用数字化平台，覆盖提交入境信息、审批入境后活动计划、确认核酸检测结果等多环节，提高了人员入境前各项准备的效率。采用手机APP在线提交相关信息，生成二维码进行入境查验。各大机场还将奥运相关入境人员和普通乘客从行动路线上进行物理隔离。	从2021年10月1日起，对于来自日本政府指定的45个德尔塔病毒疫区国家和地区的入境者，凡是持有疫苗护照的，免除3–10天在政府指定隔离酒店进行隔离的义务，在机场的核酸检测合格后，可以直接离开机场回家或前往自己预约的酒店进行自我隔离，隔离时间从目前的14天缩短为10天。 2020年12月28日0时起至2021年1月底，暂停新申请签证入境日本的外国人。实施入境限制期间，日本国民和长期居住在日本的外国人仍被允许返回日本。另外，该入境限制将不包括中国、韩国等16个国家和地区。具体条文如下： 已经达成入境协议的国家和地区的短期滞在商务人士，入境后仍按照以往的协议，可以不进行2周的隔离。 已经达成协议的国家和地区，关于中长期滞在的商务人士只要遵循入境后自主隔离2周的要求仍然可以入境。 日本国民和已经持有日本中长期签证的外国人如从英国或者南美出发返日，将被日本限制入境。 2020年10月起，日本政府放宽了部分持中长期滞留签证人员入国的相关政策。入境者除需提供健康检查证明外，还需在入境日本后进行为期2周的隔离。
韩　国	提高境外输入人员的管控，提升检测效率；进行疫苗接种；改变与民众沟通方式，利用短信等互联网手段，每天两次发送最新疫情动态，提醒大家提高重视度，注意个人防范；对有确诊病例区域的民众通报确诊患者基本信息，提醒大家注意防范；不断宣传注意卫生的重要性；实行健康信息管理，利用手机软件，及时有效地管理人群，提高疫情防控的精准性。	从2021年7月1日起，在境外同一国家完成疫苗接种注射并经过14天后，可在赴韩时申请免除入境隔离。这一政策目前主要针对以商务、学术、公益或探访直系家属等理由申请入境。 自2021年1月8日起，所有外国入境者须出示离境前72小时以内的核酸检测阴性证明。 2020年8月10日起，解除对中国湖北省采取的限制入境及签证措施。 持短期或长期的旅游签证人士无法入境，目前可受理签证类型为：韩国短期商务签证、韩国留学签证。此外，申请韩国签证的所有外国人依然需要在申请日之前48小时内接受医疗机构实施的检查，并提交

续表

国家或地区	疫情防控措施	边境控制政策概览
韩国	从2021年7月12日起将首都圈的防疫响应级别提升至最高级别第四级，加大疫情防控力度。具体限制措施包括：晚6点后禁止3人以上聚集、禁止一切集会、婚礼葬礼仅限亲属参加，娱乐场所继续被暂停营业。另外，韩国首都圈幼儿园和各级学校14日起一律停止到校上课，截至放暑假前将实施最长两周的网上授课。暂停允许接种过至少一剂新冠疫苗的公民不戴口罩进行户外集会的计划。	记录相关检查内容的诊断书。入境后需要做核酸检测并隔离14天。 2020年2月4日起，全面禁止14天内访问过湖北省的外国人入境韩国，并对护照签发地为湖北的人员采取限制入境措施；随后韩国又宣布，韩国驻武汉总领事馆2月4日以后签发的签证暂时失效，持相应签证者不得入境。
泰国	"早发现，早隔离"执行坚决。进行疫苗接种，发布"疫苗护照"范本。 疫情初期启用《紧急状态法》，实行"封城""宵禁"等防疫措施，随着疫情形势趋于稳定，逐步解封；实施"酒店区域检疫"计划；为所有游客推出强制性跟踪应用程序，跟踪用户的活动并提供实时的COVID-19建议。 由于疫情形势严峻，泰国9个行政区划2021年6月28日重新引入严格的限制令，限制公共区域的人员聚集。不仅如此，泰国当局还将在多地设立检查点，严格限制人员流动。限制令生效期间，各工地处于全面封锁状态，务工人员不得擅离，政府将调遣军队把守。	2021年10月，泰国全国范围内对完全接种疫苗的外国旅行者的隔离时间要求将减半至7天，而未接种疫苗的旅行者的隔离期将从14天减至10天。重新开放按摩院、美容院、美容诊所、电影院和允许在餐馆进行音乐表演；将夜间宵禁时间缩短至晚上10点至凌晨4点；允许商场和百货公司营业到晚上9点。 泰国从2020年10月份开始推出特别旅游签证，该签证是针对除泰国籍之外的其他外籍游客入境的签证类别；单次签证办理允许在泰国停留90天，可以再次办理两次90天延期签证，一次入境泰国最长可以在泰国境内旅游270天。泰国政府计划自10月1日起，以普吉岛为试点，允许国际游客入境。（入境者需先在岛上指定度假村隔离14天，并接受两次病毒检测；若前往该国其他地方，需要在有关地点另外隔离7天，接受第3次病毒检测。） 从2020年4月开始禁止旅客入境。
柬埔寨	疫情发现初期，采取严格的社会管理措施，关闭所有学校，取消所有节庆活动，启动《国家紧急状态法》；加强出入境检查，关闭边境口岸。 当前，柬埔寨疫情形势仍严峻，全国各省有序开展疫苗接种工作。金边延长防疫措施：公立和私立学校、KTV、夜店、啤酒屋、博物馆、景区、电影院、健身房等，必须暂停营业14天；禁	2021年10月22日，柬埔寨外交部与国际合作部宣布，决定将对外国游客开放，恢复签发旅游签证和电子签证，而落地签证仍继续暂停。 2020年11月18日起，对于来自中国、日本、韩国、越南、泰国、美国和欧盟并获得担保的外国籍商务人员、公司职员、专家和技术人员，在入境柬时需持有柬埔寨驻该国使领馆核发的有效签证，所在国卫生部门72小时内开具的确认其未感染新冠肺炎的健康证明以及柬政府审发和认可的付款担保书。此类乘客在入境第一次核酸检测后将被安排至柬卫生部指定酒店入住，等待有关核酸检测结果。对于无担保的普

续表

国家或地区	疫情防控措施	边境控制政策概览
柬埔寨	止15人以上聚会，除了家庭和同住人员聚会、新冠病毒采样和接种疫苗等。	通外国籍公民，在入境柬时须持有柬驻该国使领馆核发的有效签证，所在国卫生部门72小时内开具的确认其未感染新冠肺炎的健康证明以及提前向柬FORTE保险公司购买保期20天、保额5万美元且包含疫情治疗费用的医疗保险，同时在机场预缴检疫隔离食宿及医疗保证金。入境后须在柬方指定隔离酒店或隔离点隔离观察14天。 2020年4月16日，柬埔寨外交部通报，柬政府决定于即日起将现有对外国公民入境限制措施延期，直至柬卫生部和世卫组织商议宣布新冠肺炎疫情结束为止。有关限制措施如下： 继续禁止来自美国、法国、德国、意大利、西班牙、伊朗六国的外国公民入境。 继续暂停对所有外国公民免签政策，暂停签发旅游签证、电子签证和落地签证。入境柬埔寨的外国公民须提前到柬驻该国使领馆申办签证，并出示所在国卫生部门72小时内开设的确认其未感染新冠肺炎的健康证明，在柬停留期间须持有5万美元以上保额且适用范围包含柬的医疗保险。 任何外国公民获准入境柬埔寨前，均将接受健康风险评估和检测，并保证接受柬卫生部指定的强制隔离、检测及其他任何防控疫情举措。 有关出示健康证明和医疗保险的要求不适用于持有外交、公务签证的外国公民。 所有入境人员必须出示72小时内核酸检测阴性医学报告，并且入境后必须接受核酸检测。
菲律宾	采取旅行限制和边境管制措施。 实施全民疫苗接种计划；努力提高实验室检测能力、设置社区隔离点、加快建设方舱医院、追踪密切接触者。 根据疫情形势调整防控等级。马尼拉延长"一般社区隔离"至7月31日取消额外限制；卡加延德奥罗市、达沃地区和布滘市，7月31日前仍实施"修订版加强社区隔离"。菲律宾首都大马尼拉地区和其他处于"一般社区隔离"状态的地区，从2021年3月19日起至4月4日，驾校、电影院、游戏厅、博物馆和文化中心等都将被关闭，社会活动也将禁止举行；会议、展览等仅限于必要行业，且参与人数不能超过场地容	从2021年10月8日开始，来自"绿色名单"或"黄色名单"国家的完全接种新冠疫苗的旅客在入境隔离期间，只需要隔离至他们拿到新冠检测的阴性结果为止。该检测将在他们隔离的第五天进行。随后，他们便可以进行居家隔离，直到隔离期满10天为止。 鉴于德尔塔病毒的传染性比较强，2021年6月，政府已将阿联酋、印度、巴基斯坦、斯里兰卡、阿曼、尼泊尔和孟加拉国的旅行限制延长到7月15日。 菲律宾宣布从2020年11月1日起放宽部分旅行限制，在提前预订合格隔离检疫设施，并遵守当日口岸入境人数限制规定和相关法规的前提下，持投资签证的外国人可以入境。 除了菲律宾公民的配偶和子女外，停止所有外国人入境菲律宾，直到另行通知。以上人员入境后需要隔离14天。禁止所有和菲律宾互免签证国家免签待遇。

续表

国家或地区	疫情防控措施	边境控制政策概览
菲律宾	纳量的30%；宗教集会人数也不得超过场地容纳量的30%；餐厅、咖啡店和美容美发店等场所的人数不能超过容纳量的50%；全国范围内均禁止斗鸡。	
意大利	采取严厉的边境防控政策，关闭边界；推进疫苗接种工作和新冠病毒群聚感染测试；推行"数字绿色证书"系统。 全国范围内所有公共场所佩戴口罩，不遵守者罚款。增加边境预防性筛查国家数量。全国学校停课；增加重症监护床位，增强医护力量。 疫情严重时，加强疫情防控，紧急状态延至2021年初。从2021年6月28日起，意大利全境进入最低疫情防控等级的白色区域。5月19日起，宵禁时间推迟到23点，6月7日起推迟到24点，6月21日起取消宵禁。此外，5月22日起将允许购物中心周末开放，6月1日起将允许餐饮机构恢复室内待客。	意大利试行本国居民从多个非欧盟国家和地区旅游返回意大利后可免除隔离政策。上述非欧盟国家和地区包括马尔代夫、毛里求斯、塞舌尔等5个岛国和埃及的2个旅游城市。前往这些地方的意大利游客应持有新冠"数字绿色证书"，往返时须在登机前提供48小时内新冠病毒核酸检测阴性证明，返回意大利后无须接受隔离。 自2021年5月24日起，"旅客定位电子表格"[Passenger Location Form Digitale（dPLF）]将代替从国外入境意大利的书面自我声明，所有要入境意大利的旅客都必须填写。 对欧盟以外人员前往欧盟国家的"非必要旅行"进行限制。宣布进入国家紧急状态，取消中意直飞航班。非必要情况禁止入境（工作、学习、医疗）；入境需填写旅客定位表；入境时提交48小时内核酸检测报告；到达所在地需要向当地卫生部门报告；入境后需要进行10天自我隔离；结束10天隔离期，需要在所在地再次进行核酸检测。 从5月16日至7月31日，来自欧盟成员国以及英国、以色列等国的旅客，入境时不再实施检疫隔离措施。但旅客在抵达意大利前48小时，必须进行核酸测试且结果呈阴性。
俄罗斯	严守边境以防止境外疫情输入，采用一刀切的全面禁止外国公民入境的政策；加强内部管控，主要是通过减少人际接触在物理空间上切断病毒的传播途径；立足相关治疗药物的研发工作；着力保障疫情期间的粮食供应和国家经济。研发生产疫苗，政府多措施提高疫苗接种量，对特定项目实行"二维码"制度以促进民众接种疫苗。 第二波疫情期间，俄政府采取了老年人居家隔离，餐馆、影剧院和学校关闭，许多中小企业停工，暂停旅游、交通出行以及大型集会活动等措施。这些措施大大地遏制了疫情的蔓延。之后，	2021年10月18日，俄罗斯取消持有长居身份外国公民家属入境限制。 2021年6月30日，俄罗斯取消对中国、比利时、列支敦士登等10国公民的入境限制。中国公民据此可申请办理工作、私人访问、学习和旅游签证。 中国疫情发生后俄罗斯关闭了与中国接壤的远东边境，欧洲疫情发生后俄罗斯宣布从2020年3月18日起禁止外国公民入境。所有预抵达俄罗斯联邦的外国公民，必须持有抵达俄罗斯前三日内所做的COVID-19核酸检测证明。4月29日，延长外国人入境限制措施，直到抗疫行动结束，境内疫情改善为止。针对外国公民和无国籍人士的入境禁令及俄公民离境禁令延长至7月31日；自7月15日起取消外国公民入境强制隔离14天措施，需持三日内核酸检测阴性报告。

续表

国家或地区	疫情防控措施	边境控制政策概览
俄罗斯	居家隔离政策解除，餐馆、酒吧、影剧院开放，企业和个人的卫生防护措施也不再严格要求执行，比如佩戴口罩和手套、公共场所消毒等措施也消失了，疫情防控松懈。5月后，俄民众纷纷外出度假旅游，虽然政府要求在旅游和度假中采取严格疫情防控措施，但很多地方的做法没有到位或者流于形式，导致感染大大增加。 2021年6月以后，俄罗斯暴发了第三波新冠疫情，由于德尔塔变异病毒的急速传播，加上疫苗接种滞后和防控松懈等原因，第三波疫情来势凶猛。	
英 国	进行疫苗接种。 疫情严重时期，采取强制自我隔离政策，关闭餐馆、酒吧、电影院、健身房等营业场所，中小学也陆续停课。政府要求所有民众尽量留在家里，避免非必要外出。 疫情缓解时，放松疫情防控措施，但出现"近距离接触"的场所仍不能营业。 第二波疫情开始时，实施三级预警系统。中等风险水平的酒吧将维持现行的全国性限制，高风险地区将禁止家庭在室内聚会，而三级的极高风险地区的酒吧将受到更严厉的限制，包括关闭酒吧。 英国政府宣布将自2021年7月19日起，按照原计划进入解封第四步。届时将取消大部分疫情限制措施，解除所有的室内外防疫措施，商店重开，夜店重开，人流量不再受限，但出现新冠肺炎症状人员仍需进行核酸检测，检测结果为阳性或接到英国国民医疗系统（NHS）通知人员，仍需进行自我隔离；计划取消英格兰的所有强制性口罩和社交距离限制，但国家指导方针可能会继续实施，鼓励在公共交通等高风险地区保持谨慎。	英国将对入境的公民和来访者实施新的入境规定：入境者需要提供旅行史和联系方式，入境之后的前14天内需要在所居住的地方进行自我隔离，除非常特殊的情况下，不得擅自离开隔离场所。 自2021年7月19日凌晨4点开始，英国的出入境政策将按照新的"红绿灯"旅行清单执行。英国曾表示将每三周更新一次该名单。在此次更新中，中国香港被列入旅行绿色名单，中国台湾被列入绿色观察名单。英国政府规定，途经或居住在英国政府的红色旅游名单中的非英籍人员不可入境英国。 2020年6月8日起，所有入境英国的旅客将必须自我隔离两周。来自英国"旅行走廊"名单上国家的旅行者在抵达英国后无须自我隔离14天。该名单包括40多个国家、地域和地区。任何来自不在"旅行走廊"名单上的国家的入境者，或者在这些国家的中途停留的旅客，都必须在指定的地址自我隔离14天，否则会受到1000英镑的处罚。该名单不断接受审核，如果疫情恶化，可重新关闭边境或要求自我隔离。

续表

国家或地区	疫情防控措施	边境控制政策概览
法 国	2021年7月12日，法国防疫新措施：强制卫生系统工作者接种疫苗；法国的更多场所与活动须核验健康通行证；从7月21日起，超过50人的文娱等活动均需强制核验健康通行证；从8月起，进入酒吧、餐馆、商业中心等场所以及乘坐火车、飞机等交通工具均需强制核验健康通行证。 实施疫苗接种。 2020年10月14日起，在法国的九个疫情最高警报地区实施宵禁。酒吧和咖啡馆等场所暂停营业。 6月22日，在除海外省法属圭亚那外的地区进一步实施疫情防控解禁措施，中小学和幼儿园全面复课，电影院、旅游度假营地等开始向公众开放。 3月24日进入卫生紧急状态。在卫生紧急状态下，政府可限制或禁止民众出行，采取隔离措施、限制集会活动、下令临时关闭企业和机构等。	2021年6月4日，法国官方公布入境防疫管制新措施，按照世界各个国家和地区的新冠疫情具体形势，采取相应的防疫管制。法国官方当天发布疫情地图，将所有国家和地区分别列入"红区"、"橙区"和"绿区"。来自"绿区"的人员进入法国相对较为容易，只需凭借疫苗接种证明就可以不受限制出行，未接种人群需要凭借病毒检测阴性证明入境。来自"橙区"的人员进入法国，如已经接种疫苗，还需出示病毒检测阴性证明；未接种人群需要提供"令人信服的理由"才能准许入境。来自"红区"的人员进入法国须面临严格防疫限制，即使接种疫苗也须提供"令人信服的理由"才能准许入境，还须出示病毒检测结果，并须接受7天自我隔离。 对欧盟以外人员前往欧盟国家的"非必要旅行"进行限制，为期30天。关闭进入欧盟和申根区的边境30天，来自欧盟以外的人和非欧盟公民不得入境。与非欧盟国家的边境仍将持续关闭，直至新的决定出台。
美 国	开展接种疫苗工作；敦促民众戴口罩，呼吁未接种疫苗或其他高风险人群避免旅行、室内聚会和外出就餐。 发布《新冠疫情应对法案》，发布三级旅行建议；设ICU病房，改建联邦野战医院。 各州先后下命令居家避疫，实行"禁足令"，采取关闭中小学，商家暂停营业等措施。	2021年9月20日，美国政府宣布将从11月开始放宽对英国、大多数欧盟国家、中国、巴西、印度等国家持有效签证的公民去往美国的旅行限制。美国在放宽的旅行限制中认可的新冠疫苗，不仅包括在美授权通过的疫苗，还包括被世卫组织列入紧急使用清单的疫苗（辉瑞疫苗、印度血清研究所疫苗、阿斯利康疫苗、强生疫苗、莫德纳疫苗，以及中国科兴和国药疫苗）。 现阶段美国入境仍需提供出发前72小时内出具的新冠核酸检测阴性报告。同时美国疾病控制和预防中心（CDC）建议乘客在入境美国后3–5天内再次做新冠核酸检测，并在家中自我隔离7天。已打新冠疫苗的入境者，也需提供新冠检测报告。 美国将从2021年5月4日周二零点开始禁止过去14天去过印度的外国人入境。美国入境禁令将包括中国大陆、伊朗、申根26国、英国、爱尔兰、巴西、南非和印度。 在英国宣布发现COVID-19变种病毒拥有更强的传染性之后，美国政府随之宣布，自2020年12月28日起，所有来自英国的航空旅客必须附上登机前72

续表

国家或地区	疫情防控措施	边境控制政策概览
美　国		小时内的2019冠状病毒疾病（COVID-19）筛检阴性证明。 2020年1月31日，暂时禁止曾到中国访问的外国人入境。3月18日，暂停全球多数国家所有的常规移民和非移民的签证服务。
加拿大	采取严格的边境防控措施；建立由联邦、省和市镇社区组成的严密防控机制；及时发布《2019冠状病毒病（COVID-19）：加拿大的应对措施》，内容包括疫情通报、症状与治疗、预防与风险、给医疗专业人员培训、加拿大的应对、旅行建议等；不定期地公布新冠疫情数据模型；进行疫苗接种；根据疫情变化不断升级防控措施。 　　2020年3月，加拿大各地宣布紧急状态，学校、餐厅、商场、公园关闭，所有人被要求待在家中。避免所有不必要的出国旅行。暂停游轮旅行季节一直到7月，进一步加强机场、入境口岸的筛查措施。关闭与美国共同边界，禁止不必要的旅行。 　　疫情防控的第二阶段，各级政府纷纷采取新的限制措施：禁止餐馆堂食，关闭体育馆、电影院，取消艺术演出、体育比赛等活动；室内活动不得超过10日，室外活动不得超过25人等措施。	2021年9月7日起针对满足条件的全球完全接种游客取消隔离措施。需要提供起飞前72小时核酸检测阴性证明且至少在抵达加拿大前14天，须在任何国家/地区完成接种加拿大批准使用的新冠疫苗，包括接种两剂辉瑞的疫苗，或一剂强生疫苗，并且需要提供英语或法语文件，证明自己已完全接种，即可在抵达加拿大时免除隔离。 　　加拿大边境关闭时间再次延长至2021年7月21日，但是国际学生仍然可以持有效签证入境。 　　加拿大联邦政府在2021年6月21日发布有关放宽入境的政策，从7月5日开始，对于在入境14天内，接种第二针新冠疫苗且符合豁免条件的入境者，无须隔离14天。 　　2021年1月29日宣布新的新冠疫情防控措施，包括暂停加拿大到加勒比地区和墨西哥的航班、对所有通过航空入境人员强制检测和隔离等。 　　2021年1月7日起，加拿大政府要求所有返加乘客必须在登机前出示72小时内的新冠检测阴性证明，同时还要提供更充分的隔离计划，否则将需要在政府设置的场所进行隔离。必须在入境时或入境前使用ArriveCAN应用程序或网站，并且在落地加拿大后进行14天的强制隔离。 　　2020年3月18日关闭边境至6月30日。此后旅行限制逐月延期，继续禁止大部分外国人入境加拿大。9月，加拿大再一次延长国际旅客的入境限制至10月31日，禁止非必要的旅行。
澳大利亚	疫情暴发初期，采取了限制航空、关闭边境措施。要求所有人都待在家里，同时对任何疑似患者进行了病毒检测，并对所有密切接触者进行了跟踪。对导致疫情扩散的责任人实施罚款和刑事调查。强制要求佩戴口罩。 　　实施疫苗接种计划。 　　近期，澳大利亚同样受到了德尔塔变种病毒的影响，新南威尔士州、昆士兰州、西澳大利亚州、北领地陆续进入紧急状态。	目前澳大利亚边境仍然关闭，只有以下人员能够豁免入境澳大利亚：澳大利亚公民、澳大利亚居民、直系亲属、过去14天都在新西兰的旅客（不包括奥克兰）、移民签证（188类）持有者。 　　2020年2月1日起，来自中国大陆任何地区的所有旅客，无论国籍，都将接受更加严格的边境管理措施，禁止中国大陆出发或中转的旅客入境（本国公民及特别人群除外）。 　　2020年3月，澳大利亚要求所有人入境澳大利亚后全部自我隔离14天，无论来自哪里。 　　2020年9月初第一批留学生可以入境，这批学生包括来自中国香港、中国大陆和日本的学生。

数据来源：相关官方发布收集整理

第三章

出境目的地和市场主体的
坚守和创新

一、主要出境目的地积极探索放宽边境控制政策

在新冠肺炎疫情常态化防控形势下，主要出境目的地一直在探索如何在有效防控疫情的前提下，安全地开放边境，接待中国出境游客。

为达到这个目的，主要出境目的地加快疫苗接种步伐，推动"疫苗护照"的互认，愈加灵活地调整入境旅行限制，坚持持续开展各种形式的联系和推广，充分利用数字化工具，增加在中国出境市场的存在感，保持关注度和热度。同时扶持和帮助包括以中国市场为主要目标的旅游企业，增强与中国出境旅游相关的供应链韧性。可以看出，虽然并不能明确出境旅游何时才能全面重启，但是出境旅游目的地正在以持续不断的行动表达对中国出境旅游市场的信心，具体行动包括增进与中国客源市场的联结、维持存在感和话题热度、培育并强化品牌优势、激发潜在游客的兴趣，以及证实防控体系安全性等，积极准备出境旅游必将到来的复苏时点。

2021年2月，澳门出台了"所有自内地入境澳门人士无须隔离"的举措后，内地赴澳门的游客量就出现了明显增长。

早在2020年6月，欧洲就开始陆续开放跨境旅游。2020年6月9日，塞浦路斯就允许特定国家游客搭乘航班进入；由于新冠肺炎确诊死亡人数较高，英国和美国航班都未被允许进入。冰岛在2020年6月15日重新向游客开放边境；旅行者须提供最近检测结果为阴性的证明，或在抵达后接受新冠病毒（COVID-19）检测，或在抵达后接受为期两周隔离；鼓励游客下载设置七种语言的相关应用程序，以帮助追踪病毒传播路径。2020年6月3日开始，从特定国家前往意大利的游客无须接受检疫即可入境，但意大利表示不会按照欧盟要求取消对14个欧盟以外国家公民的入境限制，边境管控将有控制地谨慎放开。2020年7月16日，意大利将旅客禁止入境名单从13个增加至16个，禁止在过去14天内曾到过这些国家的旅客入境或过境意大利；其他非申根、非欧盟国家和地区的人员仅被允许以工作、健康原因入境意大利，且需遵守检疫隔离义

务。法国也要求除欧盟公民外，所有进入法国的旅客都必须接受为期14天的强制隔离。德国自2020年6月15日起取消对欧洲29国的旅游警告，并逐步对欧盟成员国和申根区国家放开边境，但针对挪威和西班牙的禁入令继续有效，旅行警告取消日期延后；对其余国家的限制延长至8月1日。2020年6月21日起，除葡萄牙以外的欧盟成员国公民和申根区访客入境西班牙不必隔离14天，英国访客也享受同等待遇。2020年7月1日起，西班牙向其他国家和地区恢复开放边界。希腊在2020年7月1日也全面允许外国游客入境希腊，所有机场恢复国际航班；但要求所有旅客必须在入境前至少48小时提交（入境）调查表；所有前往希腊的外国游客都需在雅典入境。瑞士从2020年7月6日起，在确保安全的情况下，由国外飞抵日内瓦、苏黎世和巴塞尔机场的航班将不再受限。英国在2020年7月10日取消了对75个国家和（英国）海外领地旅客的入境隔离限制，这些入境旅行者将不需自我隔离，英国居民访问这些国家返程后也不需隔离；不过，英国不同地区的规则不一：苏格兰仍要求从西班牙、美国、巴西和俄罗斯入境的人进行隔离，英格兰、威尔士和北爱尔兰则无此规定。英国也正在考虑所谓的"空中桥梁"（Air Bridges）。这些措施将使防疫形势向好国家的游客更方便到访。

东盟国家也对放开国际旅游限制持积极态度。泰国旅游部与疫情防控向好的国家协商推行"旅行泡泡"（Travel Bubbles）计划，即部分疫情可控且感染人数较低的国家地区之间互相开放出入境的绿色通道，减少检疫隔离的限制。

除泰国外，"旅行泡泡"计划已经在波罗的海三国以及克罗地亚等国落地。立陶宛、拉脱维亚和爱沙尼亚从2020年5月15日起彼此重新开放边界，是欧洲首个"旅游泡泡"。此计划允许彼此公民在三个国家旅行时，不必在抵达时自我隔离。2020年5月26日，克罗地亚与邻国斯洛文尼亚也达成免隔离的"旅行泡泡"。澳大利亚和新西兰之间已经正式商定"跨塔斯曼海峡旅行泡泡"（Trans-Tasman Travel Bubble）计划。

进入2021年，随着疫苗接种的推进，部分国家和地区越来越倾向于放宽旅行限制。自2021年3月起，以色列恢复至纽约、法兰克福和巴黎等的国际航班。2021年5月，欧盟理事会建议欧盟成员放松部分已接种疫苗的非欧盟旅行者入境防疫限制。2021年6月和7月，芬兰和加拿大开始放松对部分已接种人员的入境限制。除了这些具有鲜明"定向""尝试"特征的放宽举措，"疫苗护照"、"旅游泡泡"和"旅游沙盒"等有利于推动国际旅游复苏的政策也成为重要可选项。如"疫苗护照"就是以国际旅行更安全便利为目标，为出入境人士提供是否已经注射有效疫苗或病毒监测结果的权威健康证明。2021年1月，冰岛成为首个签发"疫苗护照"的欧洲国家，欧盟委员会随后公布了欧洲版"疫苗护照"方案，并在7月推出数字疫苗护照。我国也已于2021年3月推出了中国版的"疫苗护照"——"国际旅行健康证明"，可以供各国相关部门验证并读取个人相关信息。部分国家也正在就持有"疫苗护照"公民的往来便利进行磋商，力图率先取得共识。泰国普吉岛计划在7月1日实施"旅游沙盒"，允许来自疫情低风险国家或地区且已接种新冠疫苗的入境游客免于隔离。韩国在2021年6月宣布将加快与防疫安全国家签署"旅游泡泡"协定。欧盟在2021年6月3日将中国纳入"安全旅行国家名单"，中国游客可以非必要原因前往欧盟旅行，而无须遵守隔离检疫规定。2021年9月20日，美国宣布自11月起将放宽中国、印度、英国以及其他欧洲国家等共33个国家的入境措施，这些国家的旅客需完全接种疫苗、出行前3天内进行核酸检测且取得未感染新冠病毒的证明后，就可入境美国。

（一）中国澳门

内地居民赴澳门特别行政区旅游签注在2021年开始逐步恢复，澳门入境游客量随之逐渐回升。特别是出台"所有自内地入境澳门人士无须隔离"的政策后，内地赴澳门的游客量出现明显增长。

（二）中国香港

2021年5月，香港特别行政区政府制定"来港易"计划，此后探索逐渐开放检疫限制；根据高中低风险地区执行登机入港，旅客在完全接种疫苗和核酸检测呈阴性之后，将酒店检疫隔离期限缩短至7天，检疫费用由旅客自行承担；2021年7月重启了武汉至香港航线。

（三）欧洲目的地

欧洲各国在2021年上半年便开始探索放宽入境限制，启用"数字疫苗护照"，之后，实行临时免签、互认驾驶证、打造线上的交流交易平台、发展主题定制游、提供线上培训课程、举办推介会、选择社交软件和OTA平台等渠道推出各类优惠活动，提升游客赴欧旅欧的便利性。

2021年6月，欧盟在安全旅行的国家名单中增加了中国；7月，启用"数字疫苗护照"；8月底，欧盟已对中国在内的多个国家取消了非必要旅行限制。希腊于4月开放国门，旅游复苏成效显著。英国则根据入境者疫苗接种情况和客源国疫情风险级别灵活调整入境政策。意大利和西班牙均于5月中旬向世界游客开放，接种疫苗的游客可获得"绿色通行证"，入境后无须隔离。乌克兰对以旅游为目的入境或过境的中国公民，4月至9月间可享受在180天内停留时间不超30天的临时免签的入境待遇。

（四）韩国

2021年4月，韩国与多国协商推动"旅行泡泡"，探索恢复国际旅游的可能性。2021年7月，完成境外疫苗注射的旅客入境韩国可免隔离。

（五）泰国

泰国从2020年10月开始推出特别旅游签证（STV），单次签证办理允许在泰国停留90天，且可以再次办理两次90天延期签证，一次入境泰国最长可以在泰国境内旅游270天。

泰国探索逐渐开放旅游岛，放宽入岛隔离措施，并辅之以住宿和航空优惠活动。2021年7月，泰国普吉岛实施"沙盒计划"，对完全接种了获世界卫生组织认证的疫苗的游客实施免隔离登岛，疫苗期限需超14天，不超过1年。同时，泰国旅游住宿推出"一晚一美元"的计划，由政府补贴差价。泰国旅游局联合科技公司打造休闲闯关类跑酷游戏，将泰国旅游场景数字化，使中国游戏用户实现趣味性"云游泰国"。2021年9月，泰国对赴泰的中国公民实施电子签证，提升签证办理的便利性；10月，泰国采取针对性解除入境隔离限制，并计划从2022年起对入境泰国的国际旅客征500泰铢入境费。

（六）柬埔寨

柬埔寨成立旅游跨部门机构，开放免检免签，推出与之配套的新旅游项目，以期重启入境旅游。2021年9月，柬埔寨拟开放游客入境免检免签，以期重启旅游业。

（七）印度尼西亚

受疫情反复影响，印度尼西亚不断推迟"自由旅游走廊"与"旅行泡泡"的合作计划。2021年10月，巴厘岛开放入境游。与此同时，印度尼西亚在民丹、巴淡、巴厘等旅游区与阿联酋、卡塔尔、新加坡和荷兰等国探索推进"旅行泡泡"合作计划。2021年10月，印度尼西亚巴厘岛正式允许包括中国在内的19个国家的旅客入境，入境旅客必须满足2剂疫苗接种满14天，同时购买价值不低于10万美元的医疗保险。

（八）新西兰

2021年10月，新西兰政府发布自2022年初将可能允许低风险国家且已接种疫苗的旅客免隔离入境，但并未提出明确的国际入境旅游政策和开放时间。

（九）美国

2021年11月，美国正式取消包括中国等33个国家在内的已接种新冠疫苗的外国游客的入境限制，含国际航空和陆路边境入境游客。此前，中国疫苗不在美国认可的入境疫苗清单范围内。

二、出境目的地对中国出境旅游市场的期望和行动

出境目的地普遍对中国出境市场的前景看好，并在积极为市场的复苏做准备。增进与中国客源市场的联结、维持存在感和话题热度、培育并强化品牌优势、激发潜在游客的兴趣，以及证实防控体系安全性等固然是外旅局和邮轮公司这些活动的直接目标。出境目的地都希望能在未来的中国出境旅游市场中占据有利地位。

特别是随着全球疫情防控形势的变化，各境外目的地旅游推广机构在华代表处愈发活跃，纷纷"抢跑"。

德国旅游局先后推出原味德国、生态乐享和德国·温泉·传统三项主题推广活动。2021年10月，德国旅游局与德国历史名城联盟以"另辟蹊径的德国"为主题在华举办媒体推介会，推出满足中国出境游客更加自由、小众和安全诉求的德国城市游。丹麦、瑞典和芬兰三国的旅游局与欧洲旅游委员会在北京联合发起年度活动"北欧致未来媒体分享会"，共同倡导后疫情时代可持续旅游发展。爱尔兰旅游局与腾讯文旅共同开发并上线了"探索爱尔兰"微信小程序。比利时在北京举办"与比利时不见不散——凡·艾克的世界"媒体发布会。瑞士国家旅游局在华开展暑期促销活动和多主题线上推广活动。为提振瑞士入境游，推出了凡在7月购买瑞士旅行通票产品的旅客可享受75折的优惠活动；通过发放精美旅行手册、开展直播、举办媒体发布会等方式全面推广婚庆游、医疗康养游、赋能冬季冰雪游等主题旅行活动。荷兰国家旅游会议促进局向全国旅游从业者及媒体开放免费的荷兰旅游在线培训课程。

新加坡旅游局与国内各大旅游平台合作，在线上、线下联动开展以亲子游和健康游为主题的推广活动。新加坡旅游局联合龙途与70家旅游业界伙伴，开

启"即刻随心所往，心想狮城线上路演2021"；联合马蜂窝旅游共同打造线上亲子游学营，精选标志性景点中的自然知识，与游学机构和线上课程研发者联合设计"云游学"的亲子游产品；与途牛旅游网、南京广电集团共同主办"心想狮城——新加坡瑜伽与健行主题旅游新品"主题推广会，拓展健康游板块；携短视频平台抖音以"Dou 出新潮范 约会新加坡"为主题开启城市盲盒线下快闪活动。

新西兰旅游局在华举办以"新"愿制定线路大赛和"小小'新'愿"为主题的系列市场推广活动，以期保持中国游客对新西兰旅游的热度。

美国开展了教育资源的在华推广和对中国旅游业合作伙伴的培训。2021年7月，美国洛杉矶旅游局启动旅游复苏计划，以"2021天使之友再聚首"为主题，举办"洛杉矶+"教育资源专场研讨会，并在北京、广州和成都三地同步举行视频会议直播，塑造赴美留学旅游品牌。美国华盛顿特区旅游局对中国正式推出旅游业合作伙伴培训计划，吸引全球会讲中文的旅游业合作伙伴。

2021年，澳大利亚在华举办线上旅行社培训和基于社交媒体的推广活动、线下旅游交易展会，为赴澳旅游从业者提供交易和交流的平台，推动赴澳旅游发展。昆士兰州旅游及活动推广局推出"这很昆士兰"短视频活动，同时在"澳大利亚昆士兰州"小程序也可观看。2021年10月，澳大利亚旅游局为澳大利亚旅游销售人员打造旅游一站式培训服务平台——澳大利亚旅游专家网站，为从事澳大利亚旅游的从业者提供官方的旅行社培训计划，发布会陆续在北京、广州、成都和上海举行。

斐济推出了酒店早鸟预售推广活动。预售产品的价格为正常时期价格的三至七折左右，为对冲疫情带来的不确定性，可预订的有效期通常为一年，并且未使用随时可以退全款。斐济旅游局在中国市场推出"想和你，开启斐济之旅"全新市场内容营销。

马尔代夫通过微信、微博等社交媒体组织在线路演和峰会推广活动。

2021年8月，柬埔寨决定成立全国旅游和生态旅游社区管理和发展委员会，进一步推动旅游宣传，为旅游业提供技术援助。

三、出境市场主体的坚持和创新

疫情下，中国出境旅游的市场主体虽然面临极大困难，但依然在坚持，在创新。出境旅欧市场主体的创业创新从来没有停止过，文化和科技创新的动能积聚一直都在加速。不仅在国际国内"双循环"新格局下争取活下去，还通过全方位的创新提升竞争力，努力获取未来的生存空间和竞争优势。

几乎所有的出境旅游市场主体都在积极研究游客心智模式的变化，积极开发产品，强化培训员工，希望推出更有竞争力的出境旅游产品，同时积极修炼内功，培训员工，对各类业务的服务标准进行优化和升级。不仅力求维护好与目的地和资源方关系，通过直播、线上业务探讨、产品预售等形式保持竞争力，还积极布局新兴业务市场，探索新的经营模式。一些市场主体尝试转战国内旅游市场，聚焦会展、商务旅行、小众旅游等有潜力的业务模块。部分出境市场主体的发展举措详见表3-1。

表3-1 部分出境市场主体的发展举措

市场主体	生存和发展举措
中国旅游集团	以市场和客户需求为导向，以离岛免税、线上业务为支撑，建设海南国际旅游消费中心新地标，免税业务国际排名跃升至全球第一；打造"大香格里拉"环线平台，推出自然与人文相结合的沙坡头星星酒店、助力湖北疫区旅游复苏的"黄鹤归来·惠游江城"、文旅融合的"故宫以东，一见如故"等深受消费者追捧和喜爱的产品；旅游地产首次跻身全国地产行业前100位；运营的西沙航线成为国内首个海上邮轮复航航线；以"首席国民旅游服务商"重塑集团品牌体系。
携程	从纯旅游交易型平台向"内容＋交易"型平台转变，推出了集社区、直播和商品旗舰店三大功能的星球号，由内容担主角，一侧将旅游目的地的风土人情和商户产品连接起来，另一侧触发用户的旅行需求，作为目的地品牌战略之一，从而实现游客和旅游商户之间的深度连接。将"旅游复兴V计划"升级为"旅游复兴2.0"，该阶段翻倍投入复苏基金，打造泛旅游市场营销枢纽、All in 内容营销的新生态，通过"1+3"的模式推进：以一个星球号为载体，聚合流量、内容、商品三大核心板块，叠加旅行场景，打造营销生态循环系统，助力行业伙伴运营好自身的私域流量。
马蜂窝	推出旅游电子商务师实训课程，众多行业实战专家和资深讲师从行业发展理论和实战方法论及案例等方面为学员赋能。推出亲子专场，以热门儿童IP Zafari 为蓝本还原场景，打造沉浸式亲子互动剧。 围绕省时、专业打造全新攻略品牌"北极星攻略"。马蜂窝推出"周末请上车"活动。在"新旅游时代"将"玩法新空间"植进了众多景区景点，在景区原有的物理空间内，创造新的场景和活力，为游客提供旅行玩乐的新方式。
途牛	为客户提供丰富的高品质产品以及"安心游"出游保障服务。从满足用户"二次预约"需求的酒店、酒店＋门票产品，到跨省游恢复，定制游、小团、私家团需求快速增长，途牛瞄准这一出游趋势，大量推出10人以内、20人以内特色产品，为用户出游提供更高的安全度与品质。
驴妈妈	坚持游客安全第一，升级保障预案，启动亿元保障基金；发起知识战"疫"，公益课赋能文旅行业。在亲子游、自驾游、品质周边游、机酒自由行、红色旅游、先游后付等方面自主打造，或联合推出更多IP主题产品、网红目的地。

续表

市场主体	生存和发展举措
众信旅游	打造旅游定制师的专栏，从事定制旅游板块人员将在该专栏分享身边故事，以期通过独特的故事内容打造千面定制旅游。首次尝试国内内河游轮包船项目；与全球消费精品、一龄医疗集团三方强强联合，充分发挥各自资源优势，建设跨境电商O2O模式。 众信旅游与印度尼西亚旅游与创意经济部联合推出"再次相遇 美妙印尼"整合营销活动，以内容营销、场景体验、超长期预售产品优惠等多种形式推广印度尼西亚旅游资源和品牌。
凯撒旅游	全新组建目的地板块，以谋求转型发展，形成新零售、食品、目的地、旅游"四轮驱动"式发展格局。 与狐椒文旅合作，进一步打造特色文旅小镇生活品牌及推动特色文旅产业开发的进程，建立线上线下融通的联合发展模式。联合融创打造文旅消费新场景，进一步深化传统旅游地产资源利用，聚集旅游、度假、文化等元素，实现人与自然的融合，打造云南昆明、大理、西双版纳等地一站式文旅地产营销服务。 先后推出基于国内本地特色的《故宫大课堂》系列、博物馆巡礼记寒假加油包、亲子教育营系列、毕业嘉年华系列、城市周边亲子游等系列产品。 与韩国旅游发展局签署旅游合作谅解备忘录，以进一步推进疫后两国旅游业的发展。
同　程	借"48小时"IP发力国内短途游，结合旅行场景，不断整合资源，打通下沉市场，触达消费人群，强化产品认知，为用户提供多样化、个性化和主体化的短途旅游产品服务。 同程旅行构建Z世代全场景营销生态，如机票和旅行盲盒、旅行抽签、游戏电竞、综艺跨界、校园旅行卡、国风碰撞和景区剧本杀，努力抓住包括Z世代在内的各种年龄族群。 同程旅行加速冰雪旅游产业数字化，通过数字化手段促进冰雪旅游和目的地文化品牌深度融合。 同程集团为更多优秀创业团队赋能，将按照品牌化、产业链赋能、酒店高增长、下沉市场和目的地五大战略部署稳步发展。

资料来源：课题组调研整理

第四章

中国游客出境旅游意愿和特征分析

2020年以来，全球新冠疫情对世界旅游业造成严重影响，尽管目前仍时有反弹和蔓延，但中国探索开放国际旅游的努力一刻也没有停止，人们对国际旅游未来重启的信心也从未消退。

为探索未来出境旅游的复苏方向，帮助境内外旅游目的地和旅游企业做好市场复苏的准备工作，进一步推动国际旅游的交流合作，中国旅游研究院就居民未来出境旅游意向对中国31个省、自治区和直辖市的游客开展了问卷调查，问卷调查依托中国旅游研究院自主调研平台，调研对象为未来有出境旅游意愿的中国境内居民，尝试了解未来中国游客的出境旅游意愿和特征，以及对欧洲等主要出境旅游目的地的期待。此次调研共回收有效调研问卷7404份。

一、安全、近程和陪伴成为未来出境旅游消费的关注重点

专题调查数据显示，81.7%的受访者表示未来一段时间内他们会选择在中国度假，而不是出境旅游（详见图4-1所示）；82.8%的人在只有确信某个国家不再有新冠感染时才会去旅行（详见图4-2所示）；71.7%的人由于新冠的暴发不太愿意乘飞机旅行（详见图4-3所示）；83.8%的人在未来的假期中希望避免参观人多的旅游景点（详见图4-4所示）。

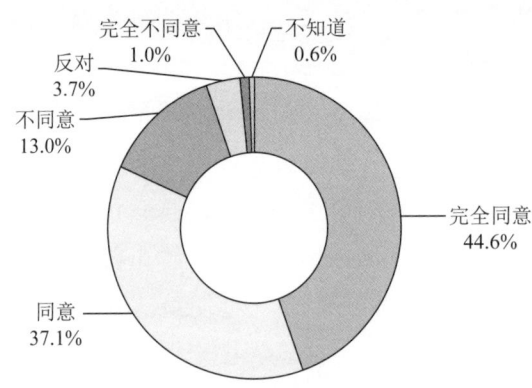

图4-1　未来一段时间更愿意在境内度假，而不是前往境外

第四章 中国游客出境旅游意愿和特征分析
Chapter 4 Analysis of Chinese Outbound Tourism Willingness and Characteristics

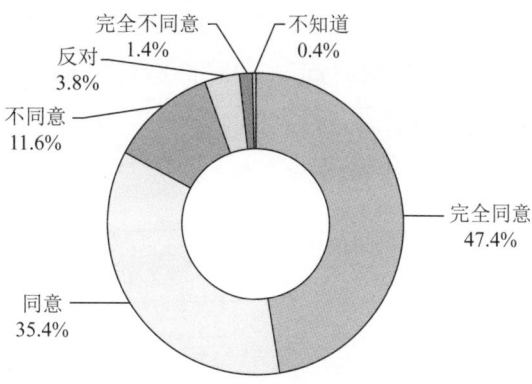

图 4-2 只有当我确信出境目的地不再有新冠感染时，我才会出行

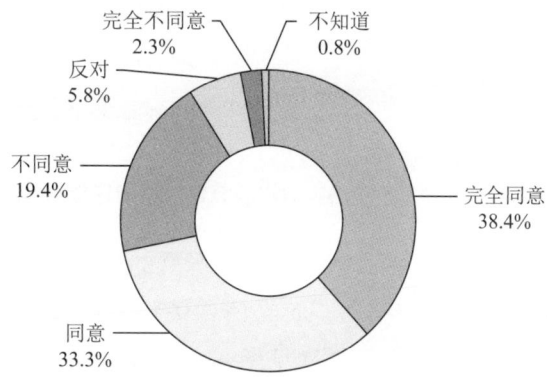

图 4-3 不太愿意乘飞机旅行

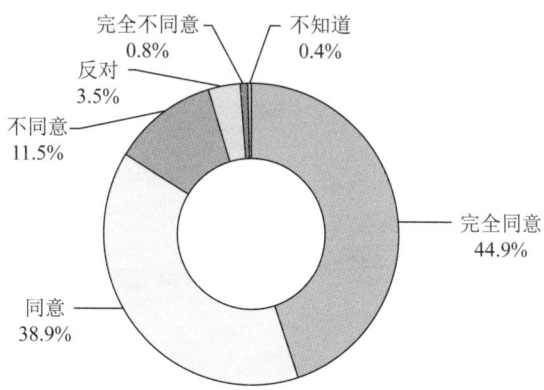

图 4-4 在未来的假期中希望避免参观人多的旅游景点

从调查结果来看，受访者在出境旅游中，按照迫切程度从高到低的排序为"人身和财产安全"、"增加休假时间"、"降低旅行价格"、"中文环境"、"签证便利"、"旅游目的地信息"，所占比例分别为78.15%、47.95%、39.25%、31.17%、19.57%、11.12%。详见图4-5所示。

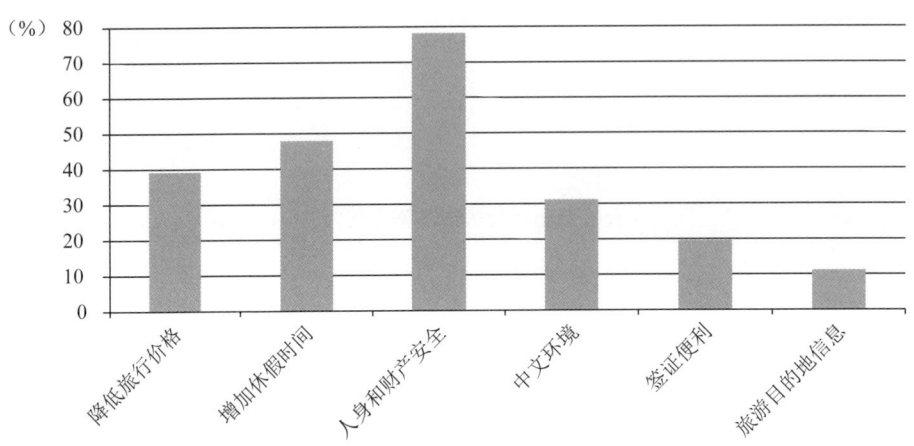

图4-5 出境游客对出境要素的迫切程度

"出境游的安全问题"是目前受访者最为看重的事情，其次是"出境游过程中旅行社的强制消费及隐形消费"。而受访者关注程度最低的是"旅行社安排的符合我需求的个性化旅行线路"。详见图4-6所示。

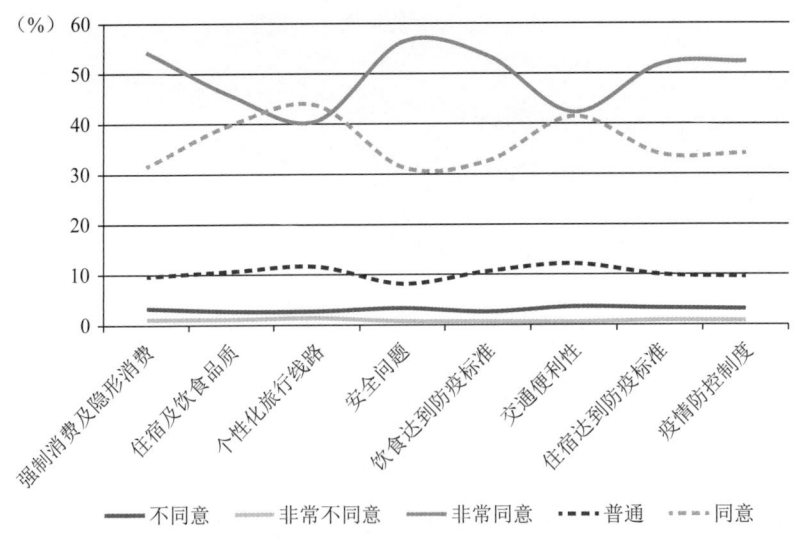

图4-6 出境旅游的重点关注分布

第四章　中国游客出境旅游意愿和特征分析
Chapter 4 Analysis of Chinese Outbound Tourism Willingness and Characteristics

目前受新冠肺炎疫情影响，受访者出境游意愿低迷，出境游成行的前提均为疫情受到充分控制之后。而未来出境游的目的地，受访者更倾向于避免选择人多的旅游目的地。详见图 4-7、图 4-8 所示。

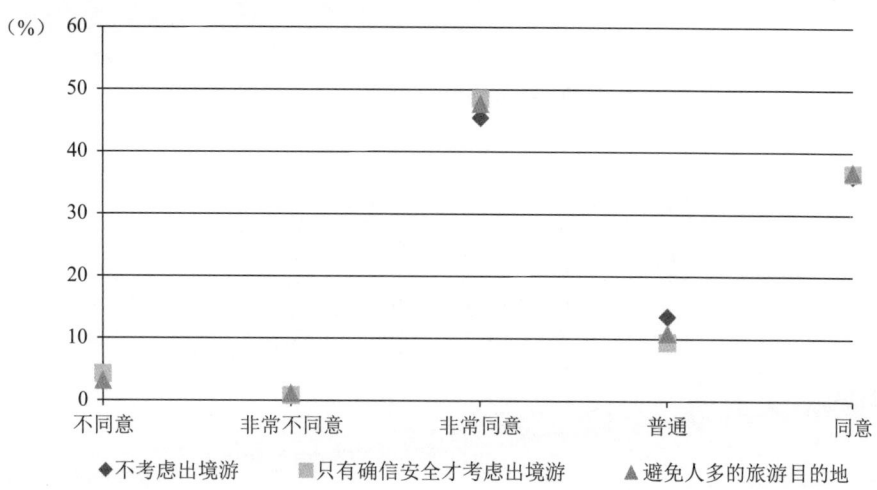

图 4-7　公民出境游的意向分布

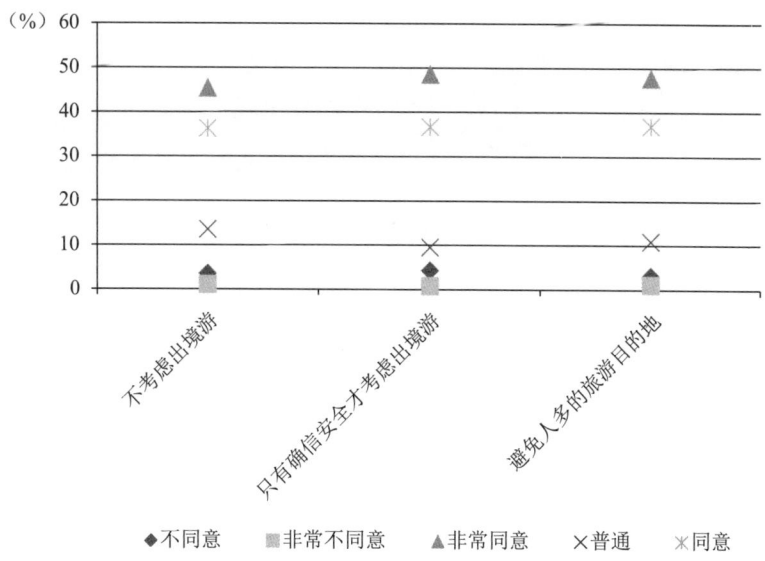

图 4-8　出境旅游的重点关注分布

53

影响受访者出境游的主要因素以"安全隐患"和"时间不够"居多,所占比例分别为24.89%和24.84%。以"获取信息不足"和"其他"居少,所占比例分别为7.20%和0.24%。详见图4-9所示。

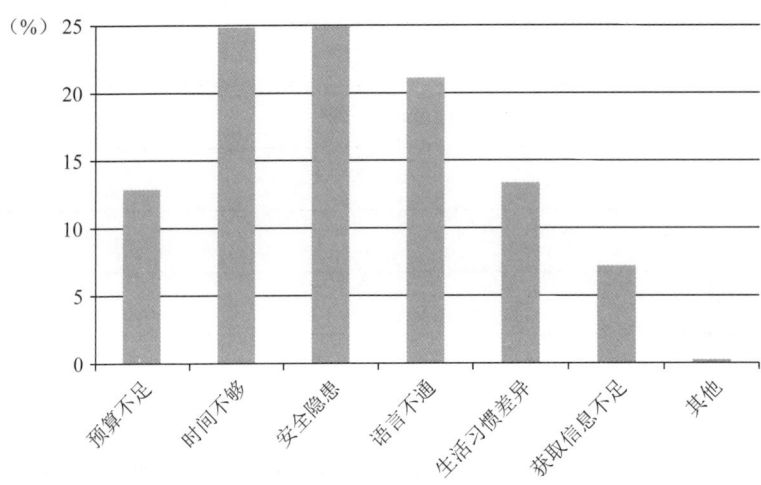

图4-9 影响公民出境游的主要因素分布

受访者期望选择的出境游目的地由高到低分别是东南亚、港澳台、欧美、非洲、东亚、南亚、大洋洲,所占比例分别为21.17%、20.83%、18.41%、10.29%、9.57%、5.85%、2.85%。详见图4-10所示。

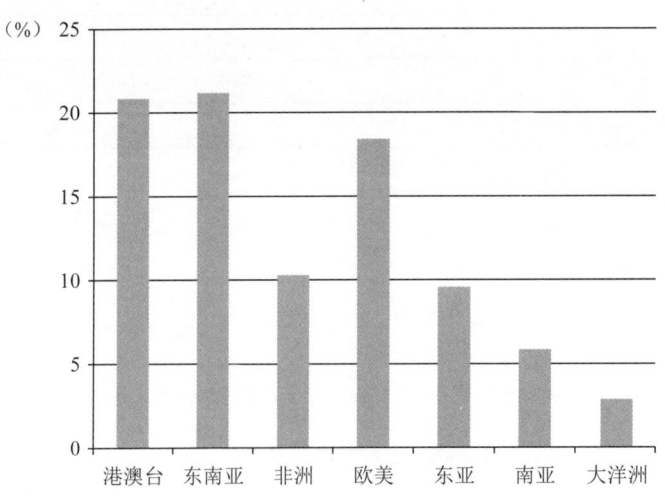

图4-10 公民期望选择的出境游目的地分布

受访者中，选择"全家出游"和"部分家人出游"的人数最多，所占比例均为47.7%。选择"独自一人出游"和"与陌生人出游"的人数少，所占比例分别为4.64%和0.68%。详见图4-11所示。

出境游客大多和家人一起境外旅游，和好友结伴出境游游客也比较多，公司、班级、社团等集体出游的出境游游客占比15.95%。以上三类出境游游客数量明显多于其他出境游类型。2021年，选择和家人出游的比例远高于其他出境游类型，家庭出境游的比例呈现上升趋势。详见图4-11所示。

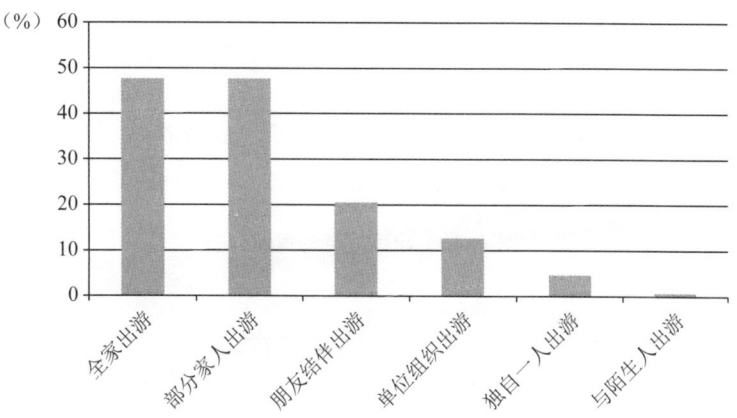

图4-11 出境游客出游人数/出游方式的偏好分布

选择"相对隔离的旅游目的地"的受访者比例最多。详见图4-12所示。

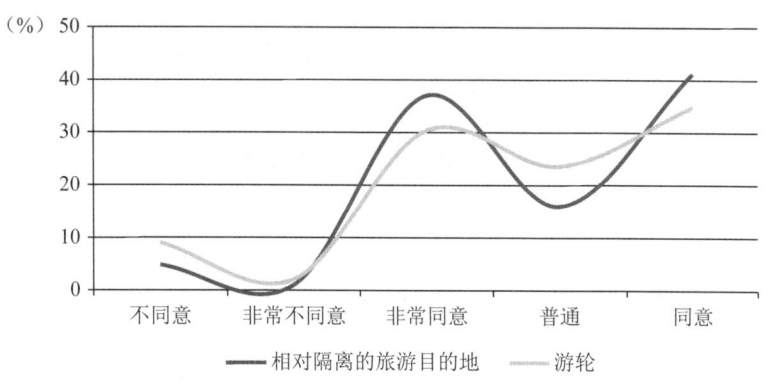

图4-12 公民对出境游方式的意愿分布

受访者出境旅游的目的主要在于"更多体验当地风土人情"、"看不一样的景色，品尝不一样的美食"、"放松身心，休闲度假"。三个出境游的目的同质性较高，其中以"放松身心，休闲度假"所占比例最高。详见图4-13、图4-14所示。

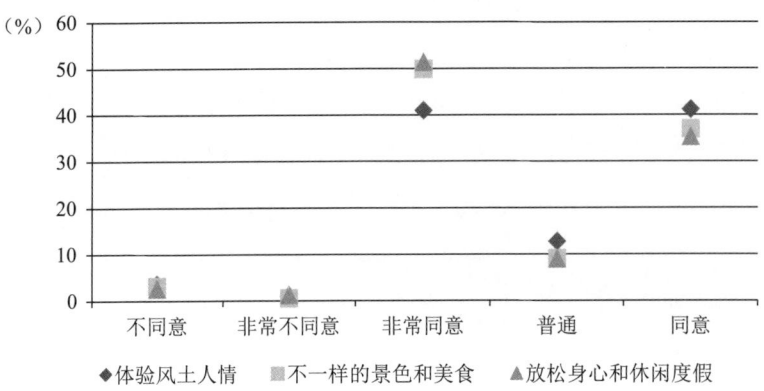

图4-13 出境旅游的目的分布

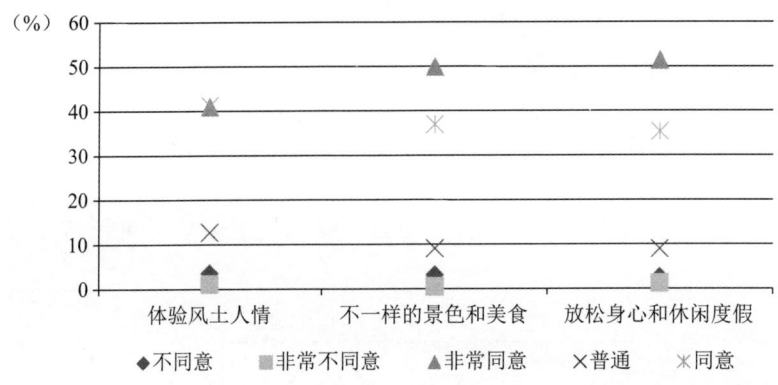

图4-14 出境旅游目的的意愿分布

二、出境游客的选择偏好有明显变化

在线获取信息渠道的特征进一步强化。受访者获取出境旅游相关信息的渠道以"网络社交媒体"和"旅游相关网站"居多，所占比例分别为28.61%和27.11%。以"旅行社（线上线下）"和"其他"居少，所占比例分别为6.43%和0.24%。详见图4-15所示。

2019年，出境游游客的出游信息主要来源亲朋好友介绍、网站/BBS/论坛和报纸/杂志/书籍，所占比例分别为46.75%、43.41%和40.49%。其他来源的渠道分别是电视/广播、到旅行社咨询、户外广告、旅游地自己的推广活动和其他渠道，所占比例分别为22.22%、19.09%、15.07%、10.44%和0.38%。而2021年出境旅游意愿调研表明，经网络渠道（"网络社交媒体"和"旅游相关网站"）获取的出境游信息的比例已经达到了55.72%，与2019年相比提高了12.31%。通过旅行社渠道获取信息的比例与2019年相比下降了12.66%。详见图4-15所示。

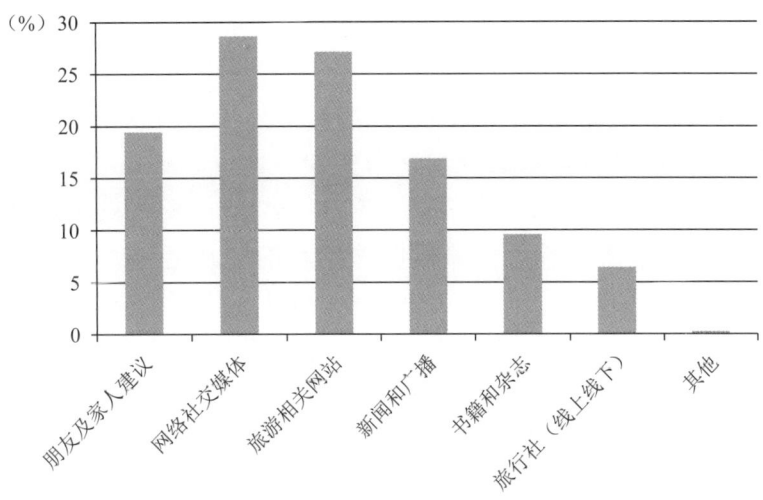

图4-15　出境旅游信息获取偏好分布

受访者选择的出境旅游方式以"自助旅游"和"旅行社跟团游"居多，所占比例分别为26.63%和25.08%。以"定制游"和"其他"居少，所占比例分别为15.80%和0.58%。详见图4-16所示。

2021年，游客选择参加旅行社出境游的比例为25.08%，与2019年相比下降了37.79%。这表明，对受访者而言，疫情对其是否选择旅行社影响巨大，游客在出境游的方式选择中更加自主和多元化。

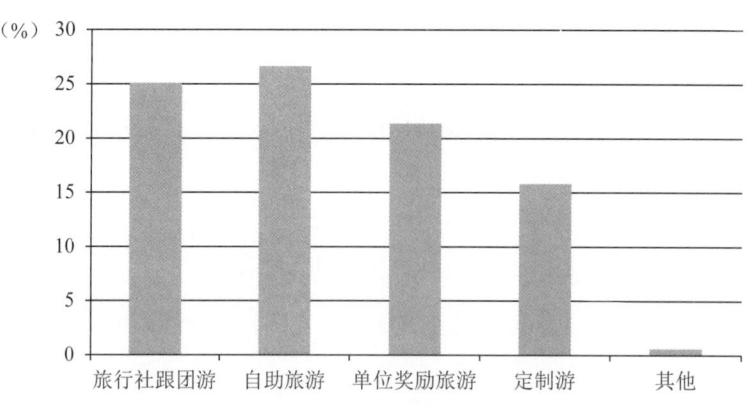

图 4-16 出境旅游方式偏好的分布

受访者出境后更愿意花费的项目按照由多到少的排序如下：住宿、景区游览、餐饮、健康疗养、文化娱乐、购物和其他，所占比例分别为 24.07%、24.07%、22.47%、15.90%、13.77%、6.52%、0.24%。详见图 4-17 所示。

在 2019 年出境游游客中，选择餐饮项目的受访者最多，占总样本数的 39.9%；选择购物的游客占比为 20.20%，选择景点门票花费的游客占 19.79%，交通、住宿和文化娱乐的花费项目占比依次为 15.37%、10.7% 和 9.90%。但在 2021 年出境旅游意愿调研中，选择住宿项目的受访者最多，为 24.07%，与 2019 年相比提高了 13.37%；选择购物项目的游客比例为 6.52%，与 2019 年相比下降了 13.68%。

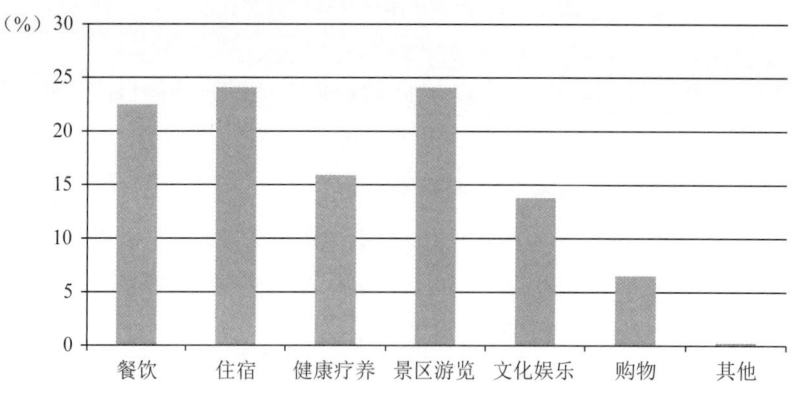

图 4-17 出境旅游消费项的分布

受访者对出境旅游的关注点集中于"饮食与住宿"、"交通便利性与物价"

和"自然景观"三个方面,所占比例分别为58.92%、57.52%、51.72%。详见图4-18所示。

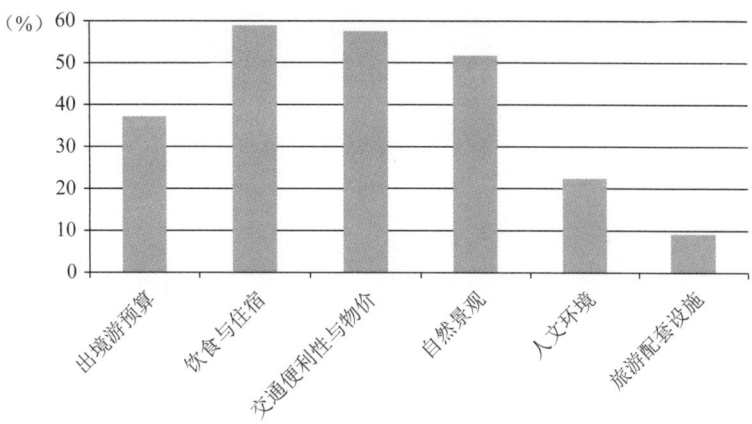

图4-18　出境旅游关注点分布

对于未来出境旅游的期待按照程度由高到低排序为:"增长见识"、"购物体验"、"社交交友"、"新奇体验"、"身心愉悦"、"了解民族宗教文化",所占比例分别为54.66%、48.14%、42.10%、39.68%、34.90%、9.62%。详见图4-19所示。

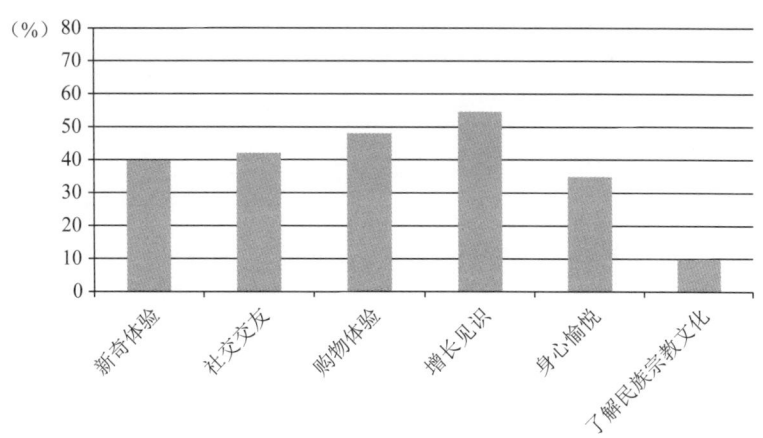

图4-19　对未来出境旅游的期待程度分布

受访者出游更重视的因素由高到低排序为:"旅游过程中卫生状况"、"旅游中的人身安全"、"旅游产品的性价比"、"旅游产品的丰富度"、"购物的便捷性"、"当地的文化特色",所占比例分别为59.93%、51.72%、48.33%、40.45%、18.85%、9.57%。详见图4-20所示。

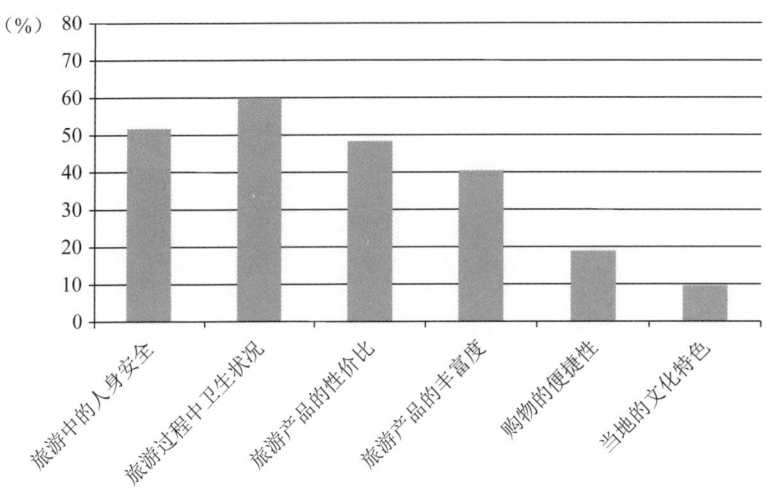

图4-20 出境旅游的重视因素分布

受访者对出境游目的地的选择偏好排序为:"旅游产品性价比高"、"从业人员素质高"、"物价水平稳定"、"便于保持社交距离"、"康养项目",所占比例分别为69.21%、52.73%、45.82%、42.10%、3.43%。详见图4-21所示。

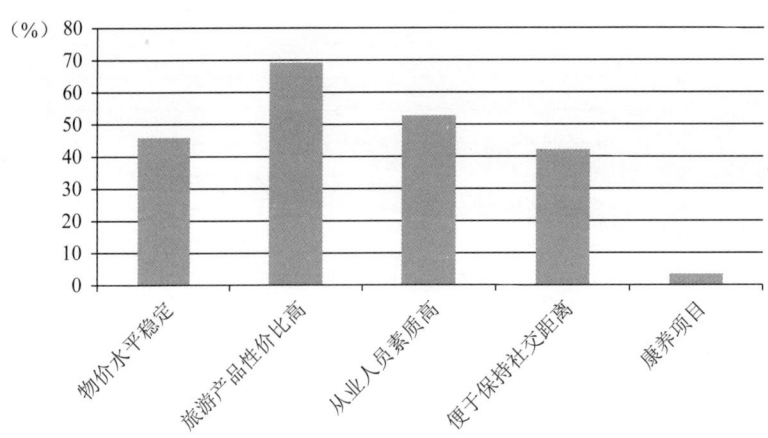

图4-21 影响出境旅游目的地选择的偏好分布

品牌对于游客选择旅行社最为重要。46.74%的受访者非常同意旅行社品牌对于选择旅行社出游是最为重要的观点，仅有 1.35% 的受访者非常不同意旅行社品牌对于选择旅行社出游是最为重要的观点。详见图 4-22 所示。

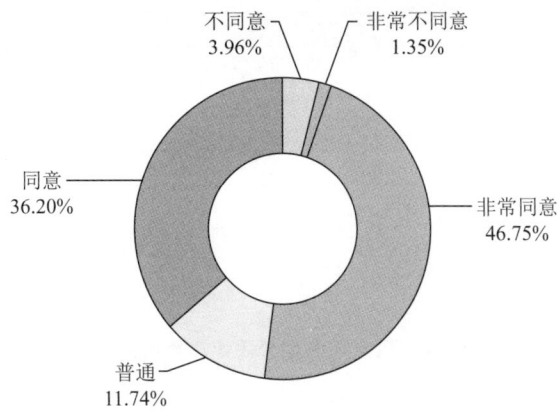

图 4-22　品牌对出境游旅行社选择的影响程度

计划停留 1-3 天的受访者所占比例为 13.34%，计划停留 4-7 天的受访者所占比例为 46.93%，计划停留 8-14 天的受访者所占比例为 30.69%，计划停留 15 天以上的受访者所占比例为 9.04%。详见图 4-23 所示。

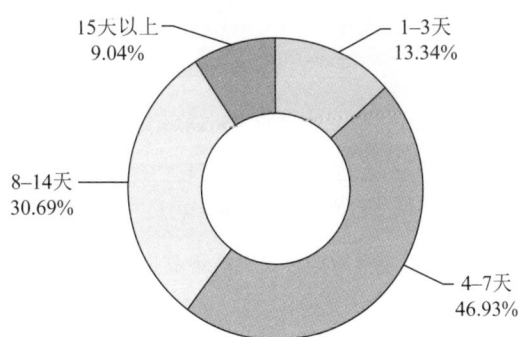

图 4-23　出境游目的地停留时间的占比

受访者出境旅游的目的以"观光旅游"和"休闲度假"居多，所占比例分别为 30.40% 和 28.81%；以"文化科技交流"和"其他"居少，所占比例分别为 4.83% 和 1.30%。详见图 4-24 所示。

在 2021 年的出境旅游意愿调研中，观光旅游的比例超过了休闲度假，文化科技交流的比例与疫情前相比有所提高。

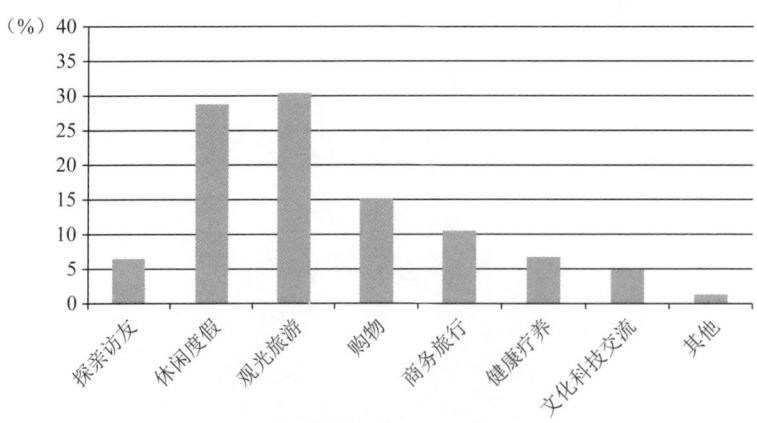

图 4-24　后疫情时期公民出境旅游的目的

受访者希望参与的出境旅游活动以"游览旅游景区"最多,所占比例为27.69%;以"探险活动"最少,所占比例为8.99%。详见图 4-25 所示。

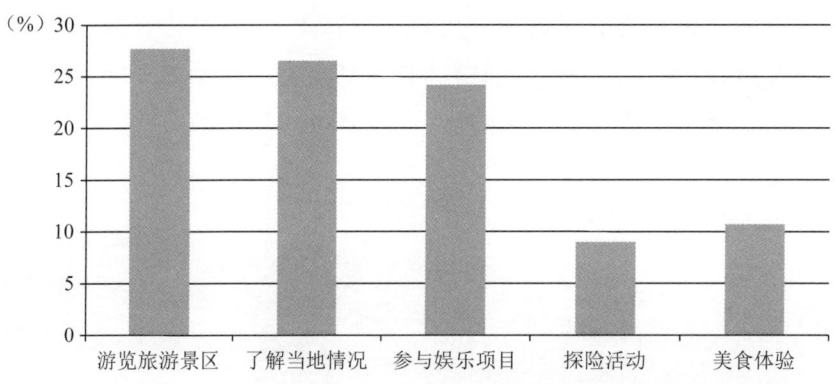

图 4-25　后疫情时期公民出境旅游参与活动的分布

受访者希望到访的目的地类型以"自然生态"、"特色美食"、"民俗风情"居多,所占比例分别为 27.79%、26.58%、22.57%;以"文物古迹"、"艺术展览"、"其他"居少,所占比例分别为 14.31%、3.82%、0.19%。详见图 4-26所示。

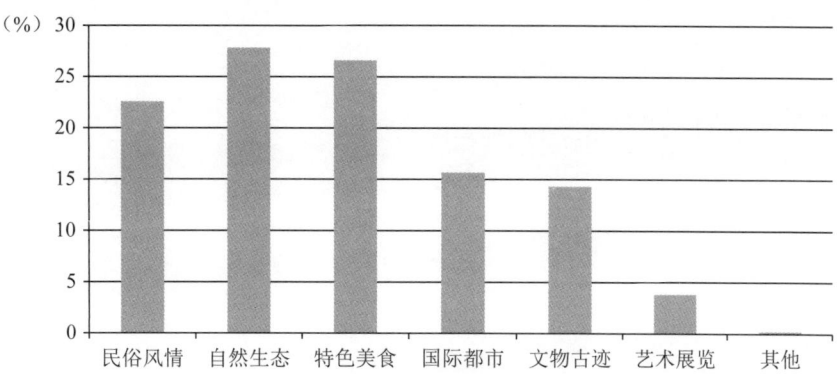

图 4-26　后疫情时期公民出境旅游到访的目的地类型分布

第五章
对未来的判断和展望

一、影响出境旅游恢复发展的因素分析和未来判断

当前世界疫情的阴霾未散,借疫情防控之名有损便利化的单边主义和保护主义抬头,出境旅游发展的前路依然坎坷。

在全球新冠疫情防控过程中,疫情防控的不平衡性依然突出。不同区域、不同国家地区的疫情形势跌宕起伏,甚至绵延难断。与之相对应,不同目的地间的边境防控情况时紧时松,互相之间的政策协调效率还有待提升,不确定性依然突出。在此状况下,跨境旅游的安全需求无法得到切实保障。

2021年10月23日,文化和旅游部办公厅印发《关于从严从紧抓好文化和旅游行业疫情防控工作的紧急通知》,要求严格做好外防输入工作。强调:"旅行社及在线旅游企业不得经营出入境团队旅游和'机票+酒店'业务,不得以任何形式搞变通。"

未来我国出境旅游的恢复和发展,取决于多重因素的综合作用。

疫情持续重创和压制出境旅游市场的复苏,但复苏的信心和希望一直都在。信心和希望来自大家对美好生活的向往,包括旅行生活的向往。信心和希望来自行业人士、企业家、宣传人员和旅游管理部门人员在疫情期间的守望相助和创业创新。信心和希望还来自对疫情防控经验的累积,管理部门始终把人民对美好生活的向往当作奋斗目标和政策制定的出发点和立足点。

坚定信心和希望必然推动出境旅游的相关各方积极行动起来。出境旅游市场的复苏时间,既取决于全球范围内疫苗接种速度和防控突变病毒的成效,也受制于人民群众对出境旅游安全保障的认知和放心程度。出境旅游市场的复苏路径,既取决于出境旅游的市场主体应对社会经济结构变化、科技发展进步和出境游客心智模式变化的努力和创新,也与"国际旅行健康证明"为基础的便利化进程息息相关。更加积极的作为和更高水平的工作将加快未来出境旅游复苏的进程,也将提升未来出境旅游复苏的质量。

对于必将到来的出境旅游复苏,既要反对过度悲观,又要反对"速胜论"。

当下我国超大规模国内旅游市场优势和内需潜力日益显现，构建国内国际双循环相互促进的新发展格局正在成为出境旅游发展转向积极的枢纽。

2021年，预测出境旅游人数为2562万人次，与2019年相比，同比恢复17%；与2020年相比，同比增长27%。

如果全球疫苗接种达到一定标准，以"国际旅行健康证明"为基础的便利化进程能够顺利推进，世界范围内疫情基本消退，且目的地国家和地区普遍取消与疫情相关的旅行限制，则中国出境旅游有望在2022年呈现出复苏迹象。

如果以上条件没有得到满足，中国出境旅游依然会面临较大的不确定性，复苏时间表难以确定，停滞状态将延续更长的时间。

二、相关方的作为空间

出境旅游的未来复苏，取决于安全和发展的基础是否稳固。安全是出境旅游未来复苏的最重要的基础和前提，人民群众的生命安全和身体健康必须放在第一位。当前"外防输入、内防反弹"的抗疫压力依然存在，疫情防控的复杂形势预计还会持续一段时间。

对于出境旅游相关方，需要有足够的准备。包括：持续加强沟通和政策协调；探讨未来出境旅游可能面对的情景和问题，逐步明确开放的条件；持续评估疫情防控形势，构建严密的防控措施，形成不同情况下的完善预案；探索包括"旅游泡泡""旅游沙盒"等在内的出境旅游开放安排可能性，推动具体方案的落地；引入和鼓励数字化，推动先进技术在疫情防控和出境旅游复苏中的运用；加大对相关市场主体的纾困解难力度，鼓励相关市场主体采取多种方式渡过难关。

目的地和市场主体需要在市场推广和产品开发方面持续创新。出境游客的消费行为特征变化和对未来出境旅游活动的期望，供应链的重塑迭代和越来越深入的产业融合进程，特别在5G、人工智能等先进技术的有力支撑下，全面预订、虚拟现实、数字身份识别服务、无接触入住以及依托于大数据的旅游流动调控方式等科技手段的广泛应用，将为境外目的地、市场主体或其他相关方的行动提供有益参考。

三、周边区域作为重要的目的地的价值再发现

疫情改变了游客的心智模式,也对公共服务和产品供给提出更多挑战,近程、周边和可控成为出境游客选择目的地的重要参考。中国香港、中国澳门和亚洲的近程目的地将由此获得更明确的发展机会。特别是内地和澳门的旅行放宽经验,将在未来表现出更多推广复制的价值。未来出境旅游的复苏进程,将沿着周边、近程、实验性和可控等逻辑展开。按照疫情防控到位、政策沟通顺畅、易于隔断不利影响等条件试验性开放,有望形成国家间、地区间或城市间的点对点旅游试点。进程目的地的产品和服务也不能再回到过去,需要根据新情况创新完善,包括不同阶段的推广重点和对应的产品供给策略,安全性高、满意度高和吸引力高的境外目的地,以及系列特色出境旅游产品将获得更多的竞争优势。

附录一
出境旅游调研的基本统计情况

在受访者中，一线城市受访者占比35%，二线城市受访者占比33%，三线城市受访者占比19%，四线及以下城市受访者占比9%，乡镇受访者占比4%。详见图1所示。

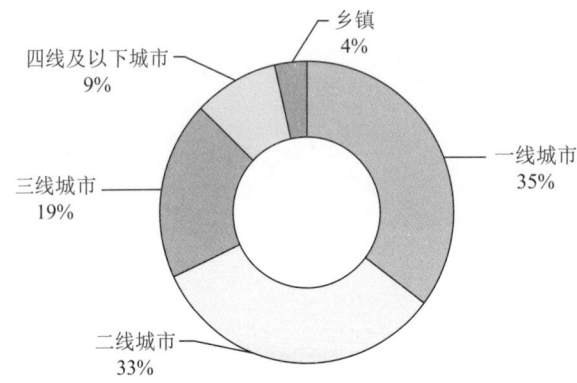

图1　出境旅客线级城市分布统计图

在受访者中，北京市、河北省、天津市、广东省、山西省的人数所占比例较大，分别为14.74%、14.31%、10.00%、7.39%、7.25%。贵州省、海南省、宁夏回族自治区、西藏自治区、新疆维吾尔自治区的人数所占比例较小，分别为0.14%、0.10%、0.10%、0.05%、0.05%。详见图2所示

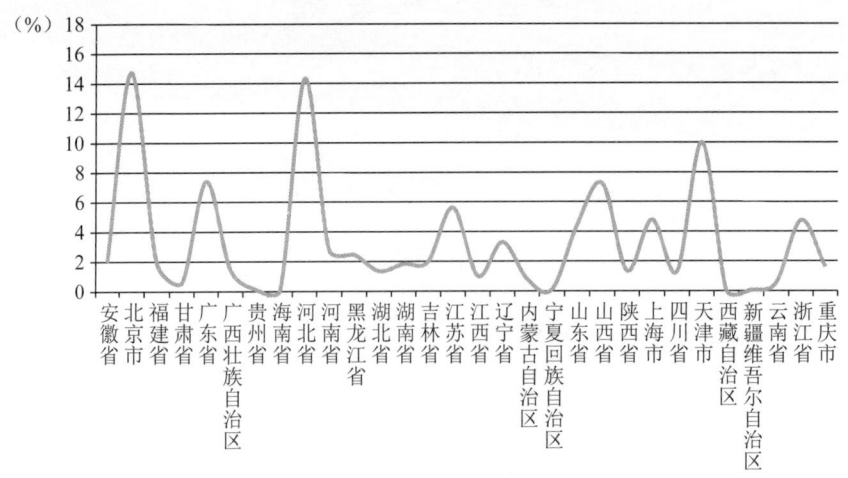

图2　出境旅客各省（自治区、直辖市）分布统计图

在受访者中,职员或服务人员所占比重最高,为 593 人次,所占比例为 28.66%。其他类型的人员所占比重最低,为 5 人次,所占比例为 0.24%。此外,农民所占比重为 59 人次,所占比例为 2.85%。详见图 3 所示。

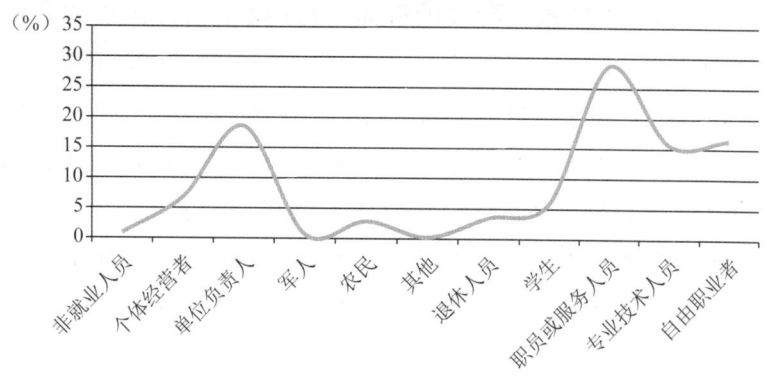

图 3　出境旅客职业分布统计图

在受访者中,不同城市分布中,男女比例大体持平。详见图 4 所示。

2019 年,男性出境游客的比例为 56.41%,女性比例为 43.59%,近年来首次出现男性比例高于女性比例的现象,出境游游客性别比例差距为 12.82%,该比例差距明显高于 2018 年 5.65% 的出境游游客性别比例差距。2020 上半年,男性出境游客的比例为 61.45%,女性比例为 38.55%,性别比例差距为 22.9%;2020 上半年与 2019 年相比,出境游客的男女性别比例差距扩大到 10.08%。2021 年男性出境游客的比例为 51.91%,女性比例为 48.09%,出境游游客性别比例差距为 3.82%。2021 年与 2020 年相比,出境游客的男女性别比例差距缩小了 19.17%。

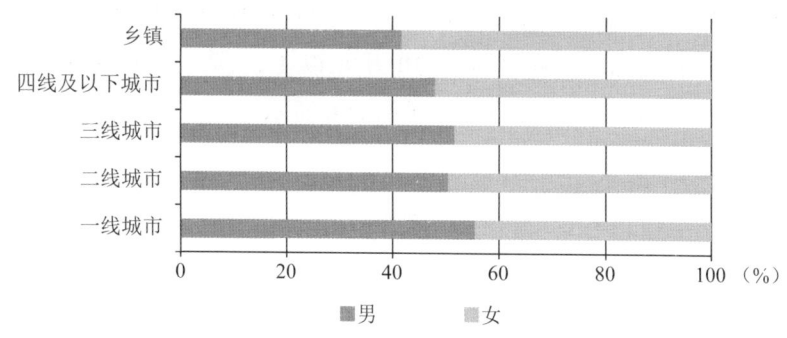

图 4　出境旅客线级城市男女分布统计图

受访者的年龄分布,人数由多到少排列分别为 32-41 岁、22-31 岁、42-61 岁、12-21 岁、62 岁以上、11 岁以下,所占比例分别为 45.19%、37.95%、11.31%、4.49%、0.82%、0.24%。详见图 5 所示。

2019 年,85 后到 95 前年龄段的群体(25-34 岁)的出境游客最多,占总样本的 54.95%;35-44 岁的出境游客占比为 27.57%。2020 上半年,25-34 岁的出境游游客占比最多,为 60%;其次是 35-44 岁的出境游客,占比为 17.5%。总体来看,被调查者年龄大都分布在 25-44 岁的中青年群体,而且以上两个年龄段占比均有增大趋势。2021 年,32-41 岁的出境游客占比最多,为 45.19%;其次为 22-31 岁的出境游客,占比为 37.94%。总体来看,2021 年被调查者年龄大都分布在 22-41 岁的中青年群体中,而且与 2020 年相比,以上该年龄段占比有增大趋势。

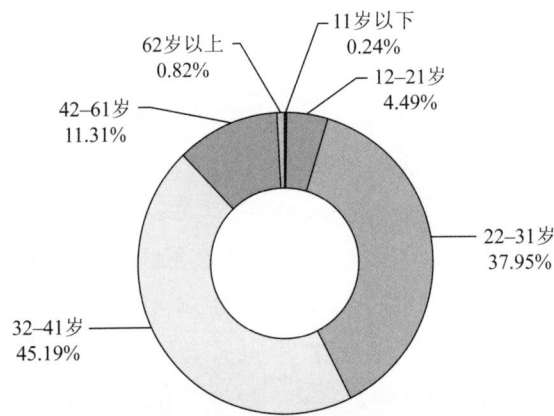

图 5　出境旅客年龄分布统计图

受访者的年收入水平,由多到少排列分别为 10 万-20 万元、3 万-10 万元、3 万元及以下、20 万-30 万元,30 万元以上,所占比例分别为 40.99%、33.69%、11.70%、10.25%、3.37%。详见图 6 所示。

附录一　出境旅游调研的基本统计情况
Appendix I　Survey of Outbound Tourism

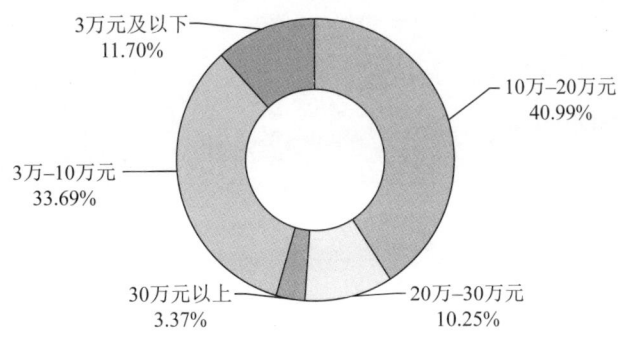

图 6　出境旅客年收入分布统计图

受访者的学历，人数由多到少排列分别为本科、专科、高中、研究生及以上、初中及以下，所占比例分别为 45.05%、28.71%、14.89%、7.54%、3.81%。详见图 7 所示。

2019 年，大学本科学历者占比最高，达总样本的 43.24%；其次是大学专科学历，占比为 26.93%；高中 / 中专 / 技校学历占比为 20.46%；硕士及以上学历占比为 6.34%；初中及以下较少，占比为 3.03%。2020 上半年，大学本科学历出境游群体占比最高，为 46.65%；其次是大学专科学历，占比为 26.05%；高中 / 中专 / 技校学历占比为 16.3%；硕士及以上学历占比为 8.20%；初中及以下较少，占比为 2.8%。根据比例变化数据可知，中国出境游客呈现学历升高的趋势。2021 年，大学本科学历出境游群体占比最高，为 45.05%；大学专科学历占比为 28.71%；硕士及以上学历占比为 7.54%；大学专科及以上学历占比总计为 81.3%。根据比例变化数据可知，中国出境游客呈现学历升高的趋势。

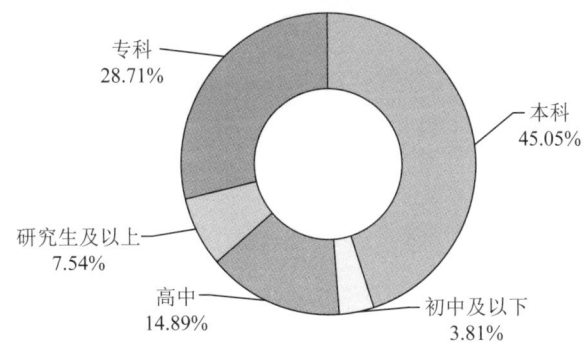

图 7　出境旅客学历分布统计图

73

受访者的出境旅游经历，出境 0 次的受访者占比 11.84%，出境 1 次的受访者占比 37.12%，出境 2 次的受访者占比 31.51%，出境 3 次及以上的受访者占比 19.53%。详见图 8 所示。

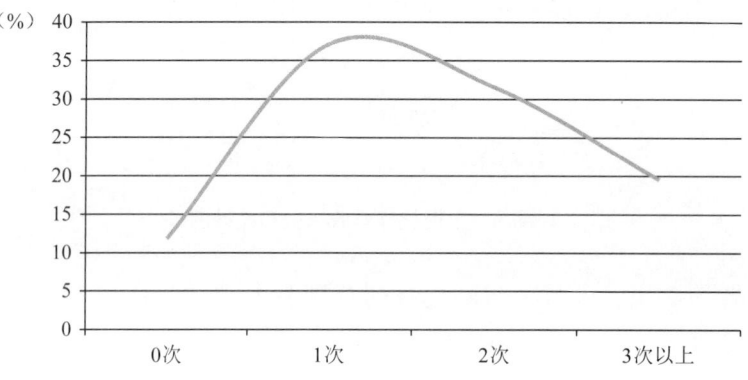

图 8　出境旅客出境次数分布统计图

附录二
赴欧旅游调研情况

中国居民赴欧旅游潜在需求旺盛，与亲朋好友休闲度假是主要诉求。

在过去三年有国际长线旅游经历的中国游客中，九成左右的考虑未来3年内（2021—2023年）前往欧洲度假，其中，潜在意愿最为强烈的前十位目的地为：法国、荷兰、意大利、英国、德国、瑞士、瑞典、冰岛、西班牙、希腊（详见图1所示）。从出游目的看，休闲度假的旅游需求最高，占49.3%；拜访亲朋好友和观光探索分别占19.1%、17.4%（详见图2所示）。从出游同伴看，选择与家人和朋友赴欧旅游的意愿更为强烈，分别占47.3%和25.5%（详见图3所示）。从出游时间看，旅行季节的选择上首选3-5月（42.2%），其次是6-8月（33%）（详见图4所示）。从出游方式看，自由行、跟团或定制游的出游方式在未来市场份额中平分秋色，分别各占五成（详见图5所示）。从停留时间看，8-14天的深度体验游占比较高，达53.5%（详见图6所示）。暂不考虑去欧洲旅游的受访者当中，56.3%是出于安全的考虑，其次才是高昂的旅行成本、时间有限、文化差异等因素（详见图7所示）。

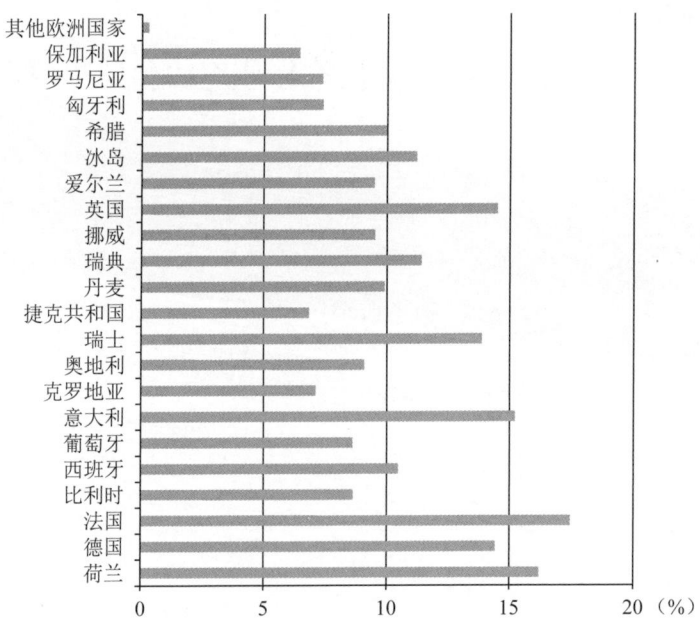

图1 中国游客赴欧旅行期间计划前往的国家统计图

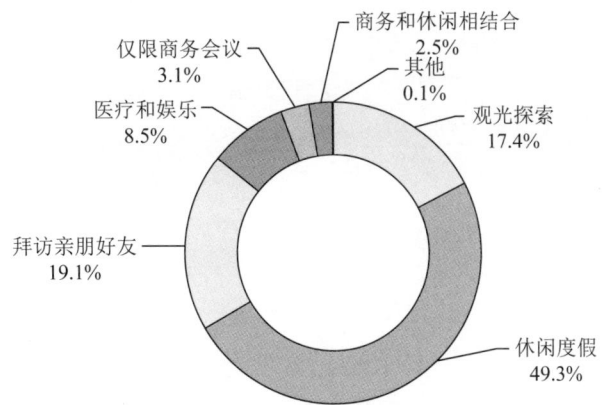

图 2 中国游客计划赴欧旅行的目的统计图

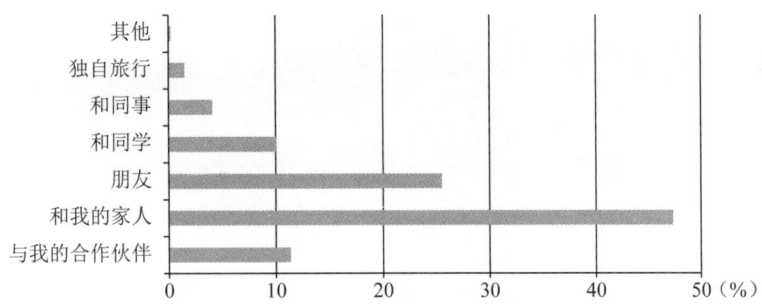

图 3 中国游客计划赴欧旅行的同行者统计图

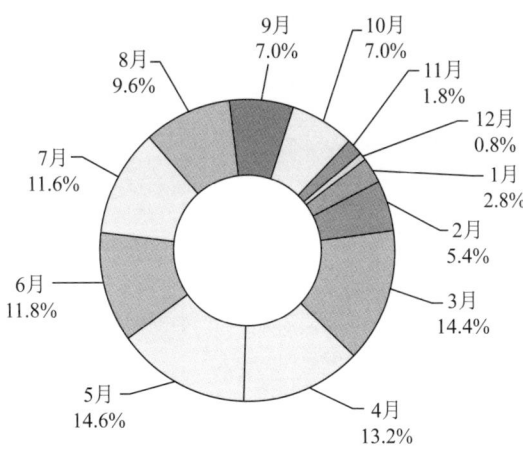

图 4 中国游客计划赴欧旅行的时间统计图

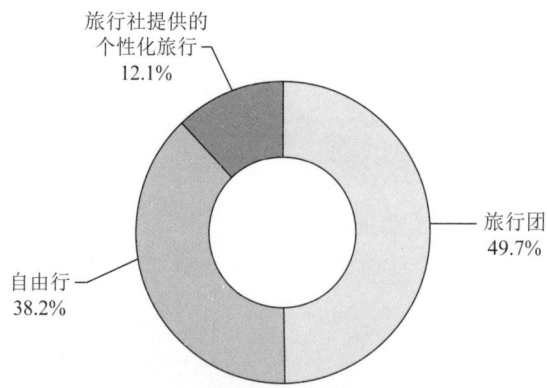

图 5　中国游客计划赴欧的旅行方式

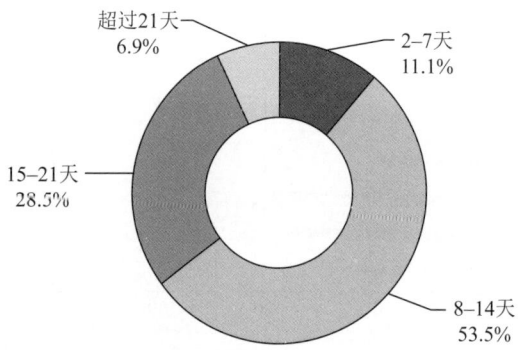

图 6　中国游客计划赴欧旅行的停留时间

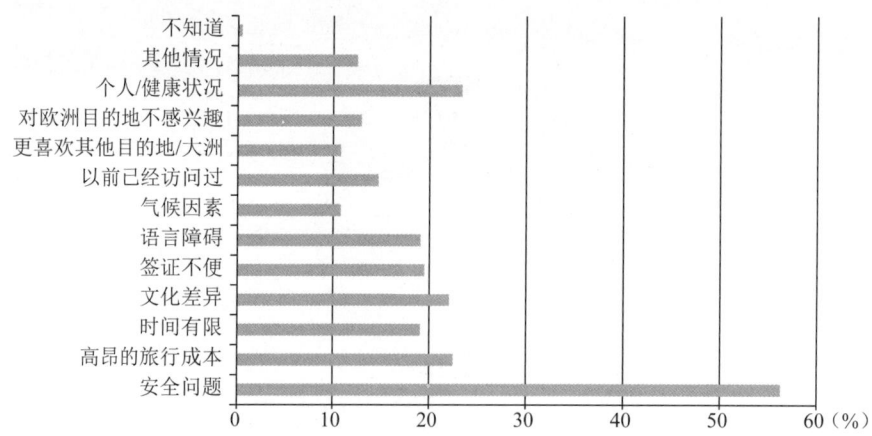

图 7　中国游客暂时不去欧洲旅行的原因统计图

附录二 赴欧旅游调研情况
Appendix II Survey of Outbound Tourism to Europe

疫苗护照（国际健康码）等旅游便利化政策预计将有效释放中国居民赴欧旅游的潜在需求。

随着世界疫情形势的反复，旅游市场的复苏面临新的不确定性和不均衡性，疫苗屏障的有效建立和国际互认对中欧旅游恢复常态化具有显著推动作用。截至 2021 年 7 月 19 日，英国、西班牙和意大利已有超过 60% 的人部分接种了新冠疫苗，德国、法国超过 50% 的人部分接种了新冠疫苗，中国有望在 2021 年底前完成至少 70% 的目标人群接种。2021 年 7 月起，欧盟正式启用数字疫苗护照，该疫苗护照同样适用于居住在欧盟的外国人和前往欧盟成员国的游客。欧盟 2021 年 6 月还放宽了中国等若干国家和地区的游客入境限制。世界卫生组织等成果表明，疫苗接种率较高的国家和地区再次大规模暴发疫情的可能性较小，疫苗屏障较高国家和地区的人民生活和工作都已逐步恢复常态。

在疫苗护照（国际健康码）的加持下，有潜在赴欧旅游意愿的人大概率计划在签证和疫苗护照（国际健康码）放开后的半年内出行。专项调查表明：86.1% 的人认为，疫苗护照（国际健康码）可以帮助简化出境游程序（详见图 8 所示），86.6% 的人在疫苗护照（国际健康码）推广效果良好的情况下愿意出国旅行（详见图 9 所示）。受访人群中，28.9% 计划赴欧旅行的人会选择放开赴欧洲旅游签证后的三到六个月内出行，23.7% 的人选择一到三个月内，7.9% 选择一个月以内，也有 39.5% 的人比较谨慎，选择在六个月或更长时间以后再赴欧旅行（详见图 10 所示）。针对暂时无意前往欧洲旅游的受访者调查显示，29.2% 的人表示如果疫后中国放开赴欧旅游签证后打算赴欧，36.2% 的人意愿仍然不太明确（详见图 11 所示）。

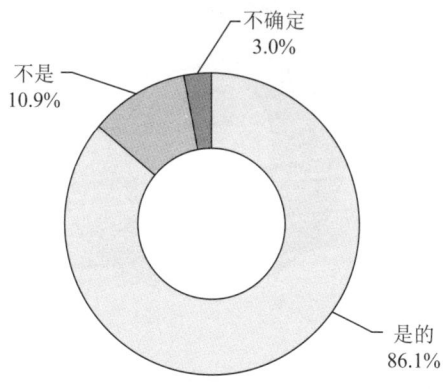

图 8 疫苗护照（国际健康码）是否有利于简化出境游程序图

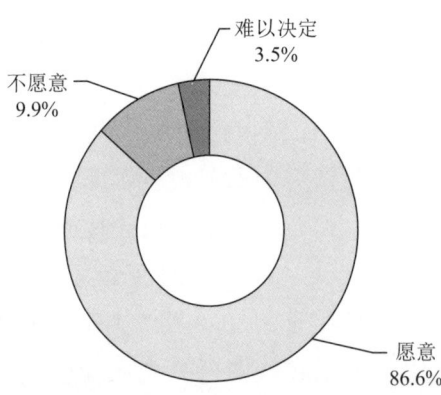

图 9　疫苗护照（国际健康码）推广效果良好情况下，是否愿意赴欧旅行

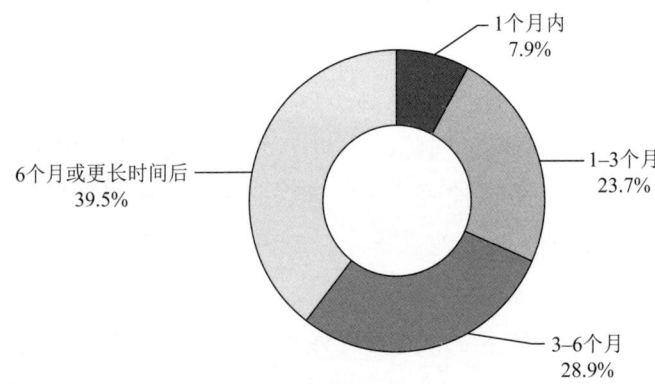

图 10　放开赴欧旅游签证后的赴欧时间

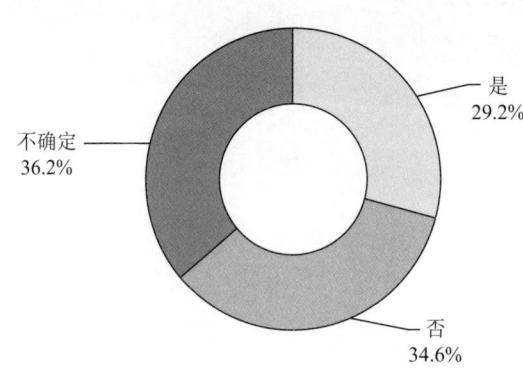

图 11　放开赴欧旅游签证后打算赴欧旅游（针对暂时无赴欧打算人群）

后 记
POSTSCRIPT

2021年是我国出境旅游极不平凡的一年。相比2020年，2021年的出境旅游更多地承受着全球疫情防控形势反复多变的重压。在边境开放时间难以预期、现实出境旅游市场在底部盘整、整个产业不得不收缩调整的艰难形势下，中国游客出境旅游的意愿仍在，市场主体和从业者对产业的信心仍在。

出境旅游的相关方依然在用行动诠释传递对产业、对未来的信心，其间展现出的勇气和坚守、智慧和创新令人动容，也为特殊时期的出境旅游年度报告提供了新的观察线索和不同以往的写作要求。因为，经此一"疫"，出境旅游的很多方面都发生了重大调整。比如，未来出境游客的关注点、出境供应链的受损和重整、出境目的地的期望和行动等。特别是国内旅游大循环对出境旅游的替代效应明显，以往的出境旅游需求将寻找境内的释放空间。这些改变和调整正在发生，有些是暂时的，有些还会长久持续下去，值得引起足够的重视，应该为之做好相应的准备。年度报告正是按照这个逻辑展开的，既记录时代，又关注相关方的需求，并为未来的必要准备提供参考。

报告在延续过往风格的基础上，更新调整了调研方案与研究范式，进行了必要的改版，以帮助境内外旅游主管部门、相关旅游企业与研究机构系统了解这段特殊时期的中国出境旅游，并对其行动有所助益。

报告在戴斌同志指导下完成，经课题组成员多次讨论后形成了包括问卷设计、访谈提纲、调研组织在内的工作方案。在报告写作过程中，进行了大量的市场调研与访谈，在多次讨论修订后，形成终稿。

本份主报告的主要执笔人分工如下：第一章，杨劲松、马仪亮、白慧茹、戴慧慧；第二章，杨劲松、杨丽琼、韩霄；第三章，杨劲松、白慧茹、刘祥艳；第四章，雷蕾、杨劲松；第五章，杨劲松、韩霄；附录一，雷蕾、杨劲松；附录二，韩晋芳、何琼峰。

书中数据如无特殊说明，均来自中华人民共和国文化和旅游部数据中心的统计数据以及中国旅游研究院的抽样调查数据。

课题组
2021 年 11 月 15 日